# Saaten des Glücks

*Aus dem Französischen übersetzt*
*Originaltitel:*
LES SEMENCES DU BONHEUR



Editions Prosveta S.A. - B.P. 12 - 83601 Fréjus, Cedex (France)

ISBN 3-89515-018-5
ISBN 1. Auflage: 2-85566-564-7
Franz. Originalausgabe: ISBN 2-85566-482-9

Omraam Mikhaël Aïvanhov

# Saaten des Glücks

*2. Auflage*

Reihe Izvor - Band 231

PROSVETA VERLAG

*VOM SELBEN AUTOR*
*Deutsche Übersetzungen*

**Reihe Izvor**

201 – Auf dem Weg zur Sonnenkultur
202 – Der Mensch erobert sein Schicksal
203 – Die Erziehung beginnt vor der Geburt
204 – Yoga der Ernährung
205 – Die Sexualkraft oder der geflügelte Drache
206 – Eine universelle Philosophie
207 – Was ist ein geistiger Meister?
208 – Das Egregore der Taube oder das Reich des Friedens
209 – Weihnachten und Ostern in der Einweihungslehre
210 – Die Antwort auf das Böse
211 – Die Freiheit, Sieg des Geistes
212 – Das Licht, lebendiger Geist
213 – Menschliche und göttliche Natur
214 – Die geistige Galvanoplastik und die Zukunft der Menschheit
215 – Die wahre Lehre Christi
216 – Geheimnisse aus dem Buch der Natur
217 – Ein neues Licht auf das Evangelium
218 – Die geometrischen Figuren und ihre Sprache
219 – Geheimnis Mensch. Seine feinstofflichen Körper und Zentren
220 – Mensch und Kosmos im Tierkreis
221 – Alchimistische Arbeit und Vollkommenheit
222 – Struktureller Aufbau und Schichten der Psyche
223 – Geistiges und künstlerisches Schaffen
224 – Die Macht der Gedanken
225 – Harmonie und Gesundheit
226 – Das Buch der göttlichen Magie
227 – Goldene Regeln für den Alltag
228 – Einblick in die unsichtbare Welt
229 – Wege der Stille
231 – Saaten des Glücks
233 – Eine Zukunft für die Jugend

*Da Meister Omraam Mikhaël Aïvanhov seine Lehre ausschließlich mündlich überlieferte, wurden seine Bücher aus stenographischen Mitschriften, Tonband- und Videoaufnahmen seiner stets frei gehaltenen Vorträge erstellt.*

## INHALT

# I

# DAS GLÜCK, EINE GABE, DIE GEPFLEGT WERDEN MUSS

Die Menschen werden mit Sehnsüchten geboren; so wollen sie lieben und geliebt werden, sie wollen nach Erkenntnis und Kreativität streben. Können sie diese Wünsche verwirklichen, so sprechen sie von Glück. Um diesem Streben nachzukommen, müssen sie ihre angeborenen Anlagen ständig erweitern, denn der Wunsch allein reicht nicht aus, um das Erwünschte zu erlangen. Die Menschen möchten lieben und geliebt werden, und trotzdem stehen sie allein und sind enttäuscht. Sie möchten begreifen und bleiben doch weiterhin beschränkt und verwirrt wie zuvor. Sie möchten schöpferisch wirken, bringen aber nur „Ungeheuer" hervor. Die Verwirklichung dieser Sehnsüchte verlangt eine lange Vorbereitung unter der Leitung eines spirituellen Meisters, der uns auf dem Weg zur wirklichen Liebe, zum wahren Verständnis und zum wahrhaftigen Schaffen anleitet.

Alle Menschen suchen das Glück, sie wissen aber nicht, wie sie es anstellen müssen, sie ahnen nicht einmal, daß harte Arbeit und Disziplin dazu erforderlich sind. Weil sie auf die Erde gekommen sind, essen, trinken, schlafen, herumschlendern, eine Arbeit verrichten und Kinder zeugen, so glauben sie, das Glück müsse ihnen automatisch zufallen. Aber die Tiere üben ungefähr dieselben Aktivitäten aus - na und? Die bloße Tatsache, daß man auf der Erde lebt, genügt nicht, um glücklich zu sein. Dazu gehört auch eine gewisse Anzahl von Dingen, die man tun... und andere, die man lassen muß! Das Glück gleicht einer Gabe, die gepflegt werden will. Solange man das nicht tut, erreicht man nichts. Mit künstlerischen Veranlagungen steht es genauso; selbst die Menschen, welche die größten Begabungen für Musik, Malerei, Tanz usw. aufweisen, werden überhaupt nichts hervorbringen, wenn sie nicht jeden Tag mit größter Ausdauer ihre Begabungen pflegen.

Wenn ihr nach Glück strebt, dürft ihr nicht untätig bleiben, sondern ihr müßt auf die Suche gehen nach den Elementen, die zu diesem Glück beitragen können. Diese Elemente gehören der göttlichen Welt an. Habt ihr sie einmal gefunden, dann werdet ihr die ganze Welt lieben und selbst geliebt werden, alles besser verstehen und die Kraft haben, zu handeln und Dinge zu verwirklichen.

II

# GLÜCK IST NICHT DASSELBE WIE VERGNÜGEN

Das Bedürfnis nach Glück ist tief im Menschen verankert. Dadurch wird er angeregt und geleitet. Je nach Temperament stellt er sich dieses Glück in unterschiedlichen Formen vor, meistens aber in Form von Vergnügungen, denn Glück und Vergnügen sind untrennbar. Die meisten Menschen verwechseln sie sogar miteinander; sie bilden sich ein, daß alles, was ihnen attraktiv und sympathisch vorkommt, alles, was ihnen gefällt und sie anlockt, sie glücklich machen wird. Eben nicht! Versucht man zu ergründen, was Vergnügen wirklich ist, wie und wo man es finden kann, dann wird einem schon einleuchten, daß es sich hier um eine viel kompliziertere Angelegenheit handelt, als es scheint.

Sieht man den Aufwand an Energie, den die Menschen für ihre Vergnügungen aufbringen, dann wird einem klar: wenn Glück mit Vergnügen gleichbedeutend wäre, müßte die ganze Welt glücklich sein. Das Gegenteil ist eher der Fall. Da, wo die Menschen ihr Vergnügen finden, finden sie auch oft ihr Verderben.

Das Vergnügen ist eine auf den Augenblick beschränkte, angenehme Empfindung, die einen glauben macht, das Glück sei erreicht, wenn man die Empfindung des Vergnügens so lange wie möglich verlängert. Weshalb stimmt das nicht? Die Aktivitäten, die einem rasch und leicht angenehme Empfindungen verschaffen, finden meistens nicht auf höherer Ebene statt; sie betreffen lediglich den physischen Körper, vielleicht das Herz und den Intellekt. Versucht man, ausschließlich den physischen Körper, das Herz oder gar den Intellekt zufriedenzustellen, dann ist es unmöglich, das Glück zu finden, denn solche Befriedigungen sind nur partiell und von kurzer Dauer. Im Gegensatz zum Vergnügen ist das Glück keine vorübergehende Empfindung, es betrifft den ganzen Menschen.

Wer glaubt, das Glück in Vergnügungen zu finden, ist mit einem Trunkenbold vergleichbar. Er schenkt sich Wein oder Schnaps ein, und beim Trinken empfindet er so ein Wohlbehagen, daß er alle Sorgen vergißt und daraus schließt, Trinken sei das Herrlichste auf der Welt. Ja, für ein paar Minuten, sogar einige Stunden mag es schon stimmen. Was wird sich aber nach ein paar Jahren daraus ergeben? Leistungsschwäche, Unfähigkeit, ein ausgeglichenes Familien- und Gemeinschaftsleben zu führen, Verfall und womöglich Verbrechen... Bei vielen Gelegenheiten verhalten sich die Menschen wie die Trinker. Da sie die Dinge im Moment als angenehm empfinden, folgern sie daraus, es werde ewig so bleiben. Leider haben sie bald allerlei Verluste und Schäden zu ertragen und leiden natürlich darunter.

Genauso steht es, wenn es sich darum handelt, Menschen auszuwählen, um eine Familie zu gründen, eine Freundschaft zu schließen oder die Arbeit zu teilen. Sie neigen immer dazu, sich nach dem ersten Eindruck des Gefallens oder Mißfallens, der Sympathie oder Antipathie zu richten. Sie denken: „Ach, dieser Mensch ist mir sympathisch", ohne nachzudenken und der Frage auf den Grund zu gehen; sie sehen überhaupt nicht, daß sie es in Wirklichkeit mit einem Verbrecher zu tun haben. Andererseits entfernen sie sich von einem anderen, der nicht so freundlich aussieht, obwohl er gut, ehrlich und gerecht ist. Solange man sich nach vorübergehenden Eindrücken wie Sympathie und Antipathie richtet und nicht nach der Weisheit, die weit darüber hinausreicht, wird man sich die Finger verbrennen.

Eingeweihte und Weise machen uns darauf aufmerksam und sagen: „Paßt auf! Ist der erste Moment der Befriedigung vorbei, dann werdet ihr euren Mangel an Klarsicht sehr teuer bezahlen müssen." Im ersten Augenblick ist vieles höchst angenehm, aber was kommt dann? Nach diesen paar Minuten, die ab und zu so erfreulich waren, erwarten einen Jahre voller Leid. Aus diesem Grunde soll man wachsam sein und dem Angenehmen immer ein wenig mißtrauen.

Es gibt Vergnügen, die Seele und Geist ernähren, das stimmt, aber sie werden meistens nicht von den Menschen bevorzugt. Sich vom Vergnügen lenken lassen zieht noch andere Gefahren nach sich, denn das, was einem gefällt, nährt öfter die Triebe als die Seele und den Geist. Der Beweis dafür? Man braucht sich nur umzuschauen, um festzustellen, wo die Menschen ihr Vergnügen suchen: essen, trinken, miteinander schlafen, ihr Geld im Casino verspielen, ihre Mitmenschen beiseite schieben, Rache üben usw. Es fehlt wirklich nicht an Möglichkeiten. Auf welches Ziel steuern sie zu? Sicher nicht auf ihr eigenes Glück, denn das Glück ist etwas Weitreichendes, etwas Unendliches, während das Vergnügen sich lediglich auf einen sehr begrenzten Bereich des Menschen bezieht, den der niederen egoistischen, begrenzten Natur.

Wenn der Mensch auf Vergnügungen aus ist, denkt er vor allem an sich selbst, denn er selbst ist sein Vergnügen. Er sucht nicht das Vergnügen der anderen, sondern hauptsächlich das eigene. Daraus ergibt sich Begrenztheit und Selbsterniedrigung, denn um dieses Vergnügen zu erlangen und zu verteidigen, entwickelt ein solcher Mensch zwangsläufig nicht gerade empfehlenswerte Methoden - er wird ungerecht und grausam, und muß er einmal darauf verzichten, dann wird er reizbar, aggressiv und rachsüchtig. Ist das wirklich Glück? Er wird fast unerträglich, und die anderen werden sicher keine Gelegenheit versäumen, es ihn merken zu lassen.

Damit meine ich natürlich nicht, man solle auf jedes Vergnügen, jede Befriedigung verzichten, das wäre töricht. Die Natur selbst treibt die Menschen dazu, das Vergnügen zu suchen, sonst würde das Leben allen Geschmack, allen Sinn verlieren, trüb und eintönig werden. Das Vergnügen beflügelt das Leben, verleiht ihm einen besonderen Reiz. Es handelt sich also nicht darum, das Vergnügen zu unterdrücken, es darf jedoch nicht an erster Stelle stehen, nicht als Lebensziel betrachtet werden; dieser Neigung zum Vergnügen soll man nur eine sinnvolle Richtung geben.

Triebe und Begierden haben wir alle, das ist normal; das ist aber kein Grund, sich gehen zu lassen und bloß das zu tun, was uns gefällt. Nicht umsonst hat uns der Himmel mit einem Verstand ausgestattet. Wir müssen Gebrauch davon machen, um uns richtig zu orientieren. Der Mensch ist wie ein Schiff, das auf dem Ozean des Lebens dahinfährt; an Bord dieses Schiffes sind Matrosen, deren Arbeit darin besteht, zum Antrieb Brennstoff in den Kessel zu geben. Es gibt auch einen Kommandanten, der mit Hilfe seines Kompasses den richtigen Kurs einhält. Die Matrosen stellen die Triebe und die Begierden dar; sie sehen nichts, aber sie bringen das Schiff vorwärts. Der Kommandant versinnbildlicht die Intelligenz, die

Vernunft, die uns die richtige Orientierung gibt und ständig wacht, daß das Schiff weder auf den Klippen zerschellt noch mit einem anderen Schiff zusammenstößt. Leider sind die Schiffe - die mit den Menschen verglichen werden können - öfters dem Untergang nahe, denn der Kommandant hat die Matrosen machen lassen, was sie wollten!

Wer nur aufs Vergnügen aus ist, hat mit den tiefsten Enttäuschungen zu rechnen, denn er ist sich der Konsequenzen seiner Entscheidungen nicht bewußt. Man muß sich von der Vernunft leiten lassen, denn nur sie sieht die Folgen jeder Richtung klar voraus, und sie warnt euch: „Vorsicht! Da wirst du scheitern! Ja, dorthin darfst du schon!“ Unterhält man sich mit den Menschen, so muß man leider feststellen, daß die meisten überzeugt sind, daß keine Entfaltung möglich sei, wenn sie nicht das tun dürfen, was ihnen gefällt. Dafür sind sie bereit, alle Vorschriften zu übertreten, alle Tabus zu verletzen. Sie wollen unbedingt frei sein. Aber was ist das für eine Freiheit? Die Freiheit, Dummheiten zu machen, sich selbst zugrunde zu richten. Befreit man sich - um einige Momente des Vergnügens zu genießen - von dem Licht, von dem Verstand, von der Vernunft, dann wird man auf der physischen Ebene leiden müssen, das ist unvermeidlich: man wird erkranken, denn Krankheit ist nichts weiter als die konkrete Sichtbarmachung der Unordnung, die man auf der psychischen Ebene zugelassen hat.

Der Wunsch, alle Vorurteile und Vorschriften einer engstirnigen Moral über den Haufen zu werfen, um endlich zu sich selbst zu kommen, ist an sich nicht schlecht, im Gegenteil. Dabei sollte man aber etwas bedenken; über den Gesetzen der menschlichen Ethik stehen die ewig fortwirkenden Gesetze der kosmischen Intelligenz. Verstößt man - mit oder ohne Absicht - gegen sie, dann zieht man sich Kummer, Leiden und Krankheit zu. Schon lange habe ich es euch gesagt, daß neue, in manchen Fällen unheilbare Krankheiten in der Welt auftreten werden. Sie sind leicht vorauszusehen: man braucht nur zu beobachten, wie die Menschen von der Freiheit Gebrauch machen.

Selbstverständlich ist die kosmische Intelligenz nicht derart grausam, daß sie jemanden bei der ersten Verfehlung sofort zugrunde richtet. Wer mit dem Genuß von Nahrung, Alkohol, Tabak, Sexualität usw. übertreibt, mag wohl erst nach Jahren erkranken. Es ist aber leicht vorauszusehen, daß er der Krankheit nicht entkommen kann, wenn er nicht rasch eine andere Richtung einschlägt. Der Organismus eines Menschen, der das Maß überschreitet - auf welchem Gebiet es auch sei -, gleicht einem von Würmern zerfressenen Dachstuhl. Die Zerstörung geschieht nicht über Nacht, erst nach Jahren stürzt das Haus plötzlich ein. Mit vielen Dingen im Leben steht es genauso; die Menschen begreifen nicht, wie sich die Gesetze auswirken, denn die Zeitspannen, aus welchen sie ihre Schlußfolgerungen ziehen, sind zu kurz. Sie sagen: „Schaut euch diesen Menschen an! Obgleich er ehrlich, vernünftig und gut ist, wird er nicht dafür belohnt, während der andere, ein Schuft, überall Erfolg hat." Und daraus schließen sie, es wäre vorteilhafter, ein Schuft zu sein. Das ist die Philosophie, die heutzutage weit verbreitet ist - die Leute sehen nicht weiter als ihre Nasenspitze.

Um richtig zu erfassen, wie sich die Gesetze auswirken, müßten Menschen und Ereignisse eigentlich auf lange Sicht beobachtet werden können. Die Betrachtung einer kurzen Zeitspanne reicht nicht, um ein Urteil fällen zu können. Schaut euch z.B. die Geschichte der Länder an. Erst nach Jahrhunderten kann man oft verstehen, wie die Zivilisation eines Landes allmählich verfallen ist. Diejenigen, die es miterlebt haben, waren sich dieses Zustandes überhaupt nicht bewußt gewesen. Genauso ist es mit den Menschen. Die Konsequenzen ihrer guten oder schlechten Lebensführung werden manchmal nicht in der jetzigen Inkarnation sichtbar, sondern erst in der nächsten.

Das Glück des Menschen besteht - leider, oder vielleicht doch zu seinem Vorteil ! - nicht darin, alles zu tun, was ihm gefällt, denn - ich wiederhole es nochmals - Glück ist nicht gleich Vergnügen. Seid also vorsichtig und laßt euch nicht beeinflussen! Viele Menschen, die es ganz normal fanden, bestimmte Verhaltensregeln einzuhalten, begannen dann doch, diese zu mißachten, weil andere behaupten, das alles sei lächerlicher Unsinn, mit dem man Schluß machen solle. Und wirklich haben sie sich letzten Endes so gründlich davon befreit, daß sie sich selbst sehr geschadet haben. Auf solche Weise stürzen sich manche Menschen, die sich für sehr klug halten, nicht nur ins Unglück, sondern ziehen noch eine Menge Leichtgläubiger mit sich ins Verderben. Ihr kennt wohl alle das Gleichnis von den Blinden aus dem Evangelium. Wenn Blinde andere Blinde führen wollen, dann stürzen sie alle in den Graben. Nun ist aber eine solche Einstellung weit verbreitet. Es gibt viele Wissenschaftler, Philosophen und Denker, die Unsinn reden! Trotzdem hören alle auf sie. Aber den Eingeweihten, die wissen, auf welchen Grundlagen das Lebens aufgebaut ist, hört kein Mensch zu; man weicht ihnen sogar aus. Weshalb? Die Antwort ist sehr einfach - weil sie die Dinge nicht besonders attraktiv präsentieren. Sie sprechen von Gesetzen, Vernunft, Weisheit, Selbstbeherrschung, sogar von Aufopferung, während die anderen so schön über Begierden, Vergnügungen, Leidenschaften und Genüsse reden, was allen sehr gelegen kommt. Ja, so ist es. Was euch aber ein Eingeweihter sagt, zielt wirklich auf euer Wohlbefinden hin, vielleicht nicht, was ihr selbst momentan als euer unmittelbares Wohl betrachtet, sondern auf euer fernes, endgültiges, ewiges Heil. Ihr seid eben verblendet. Ja, die wirkliche Verblendung besteht darin, nur die

Gegenwart, die unmittelbare Befriedigung eines Bedürfnisses, eines Triebes zu sehen, statt die in der Ferne liegende Zukunft in Erwägung zu ziehen.

Natürlich sind diese Erläuterungen nicht für jeden gemeint. Laßt die Menschen das Glück suchen, so wie sie es sich vorstellen; ein klein wenig wird auch für sie abfallen, die Natur ist ja großzügig! Überall hat sie etwas zum Knabbern gelassen..., sogar in den Mülleimern - symbolisch gesprochen. Warum sollte sie diejenigen, die unfähig sind, sich anderswo zu ernähren, verhungern lassen und ihnen die einzige Nahrung, die ihren Appetit anregt, untersagen? Dadurch werden sie sich zwar Krankheiten zuziehen, aber was kann man denn tun, wenn sie sich selbst keine andere Nahrung wünschen?

Helfen soll man den anderen, eben denen, die schon spüren, daß die ersehnte Fülle, das erstrebte Glück ausbleibt und irgendwo anders ist. Ihnen soll man sagen: „Das Glück, das wahre Glück ist schwer erreichbar; unmöglich ist es aber nicht. Dazu ist ein beträchtlicher Aufwand an Arbeits- und Willenskraft und ganz besonders an Unterscheidungsvermögen erforderlich. Ihr müßt verstehen, daß das, was die meisten Menschen als „Glück“ bezeichnen, nur aus kleinen Vergnügungen oder Befriedigungen, aus Trugbildern besteht. Möchtet ihr diesen langen, mühsamen Weg zum wahren Glück wirklich einschlagen und das erlangte Glück mit euren Mitmenschen teilen, so müßt ihr Vergnügungen meiden und es nicht auf ausgetretenen Wegen suchen."

# III

# ARBEITET AN EUCH SELBST, UND IHR WERDET GLÜCKLICH!

Wo lauert eigentlich für den Alkoholiker die Hauptgefahr? Im Alkohol? Nein, nicht im Alkohol, sondern in seinem Kopf. Weshalb? Weil er das Leben hauptsächlich nach der flüchtig empfundenen Lust beurteilt. Da er sich beim Trinken wohl fühlt, schließt er daraus, dieser Zustand werde andauern. Da liegt der Irrtum. Im Moment gibt es ja nichts Besserers als das Vergnügen, aber auf die Dauer zerstört man sich.

Ihr werdet sagen: „Schon gut! Wir haben verstanden, aus dem Vergnügen kann kein Glück entstehen. Wo können wir es aber entdecken?“ In der Arbeit. Ach, ich weiß schon, was ihr erwidert: „Man will uns jede Freude, jede Befriedigung rauben; unsere Arbeit ist schon so mühsam, wir hören nicht auf, uns abzurackern, aber dadurch werden wir nicht glücklicher!“ Eine solche Einstellung beweist einfach, daß ihr noch nicht begriffen habt, worin die wirkliche Arbeit besteht, sonst wüßtet ihr, daß ihr gerade dort das Glück findet. Vergnügen durch

Arbeit zu ersetzen bedeutet, eine mittelmäßige, eigennützige Tätigkeit durch eine edlere, freigebigere zu ersetzen, eine Aktivität also, die unser Bewußtsein erweitert und neue Möglichkeiten eröffnet. Es handelt sich nicht darum, das Vergnügen abzuschaffen, man soll es nur nicht als Lebensziel in den Vordergrund stellen, denn es schwächt uns und macht uns ärmer. Wer nur auf Vergnügungen aus ist, verhält sich wie ein Mensch, der wegen der winterlichen Kälte alle hölzernen Gegenstände seines Hauses - Türen, Fensterrahmen, Stühle, Betten, Schränke usw. - zum Einheizen benutzt... Nach einiger Zeit bleibt überhaupt nichts übrig. Genauso steht es mit demjenigen, der sich vom Vergnügen leiten läßt. Seine Emotionen und Empfindungen verbrauchen bald alle Reserven. Wer um jeden Preis Vergnügungen sucht, muß im voraus wissen, was auf ihn wartet: Verarmung, Verblendung, Trübung des Bewußtseins. Die Schätze der Seele und des Geistes wird er nicht kennenlernen, sondern nur das, was sich in seinem Magen, seinem Bauch und noch tiefer unten abspielt.

Statt das Vergnügen zum Zweck und Ziel des Lebens zu machen, soll man sich vielmehr sagen: „Aus meinem Leben will ich etwas Sinnvolles, Nützliches, Großartiges machen“, und Vergnügen durch Arbeit, d.h. durch ein Ideal ersetzen. Und was ist das für eine Arbeit? Eben die Arbeit der Sonne. Ich kenne keine Aktivität, die diejenige der Sonne übertrifft. Ohne Unterlaß leuchtet, wärmt und belebt sie. Diese Arbeit der Sonne haben die Menschen nie besonders geschätzt, denn sie halten sich nur mit Lappalien auf.

Nimmt der Schüler diese Tätigkeit der Sonne ganz ernst, dann wird seine Arbeit am Anfang natürlich ziemlich unbeholfen und mangelhaft sein. Eines Tages wird es ihm jedoch gelingen, das Licht, die Wärme und das Leben der Sonne auszustrahlen. Setzt er sich für diese Arbeit ein, dann wird alles andere für ihn immer uninteressanter, und alle kleinen Freuden und Zerstreuungen werden verblassen vor der grandiosen Aufgabe, nämlich dieselbe Arbeit zu verrichten wie die Sonne. Er wird dann Freude, Beglückung, Erweiterung ohnegleichen in sich spüren.

Viele nehmen es hin, daß das Glück sich auf ein paar Aufwallungen und Strohfeuer beschränkt, denen bald Kummer und Verzweiflung folgen. Stellten sie wirklich das Glück dar, so lohnte es sich nicht, sich darum zu bemühen... Wozu sollte man denn so vergänglichen Dingen nachjagen? Wißt ihr, wann ich entdeckt habe, daß die Franzosen das gescheiteste Volk sind, das es überhaupt gibt? Als ich zum erstenmal in Paris das Lied hörte: „Liebesglück dauert nur eine Weile, Liebeskummer hingegen das ganze Leben.“ Das hatte ich in Bulgarien nie gehört, deshalb halte ich so viel von den Franzosen, gerade dieser Entdeckung wegen! Etwas ist allerdings verwunderlich; warum handeln sie weiterhin, als hätten sie diese großartige Entdeckung nicht gemacht?

Habt ihr die Liebe, die wahrhaftige Liebe, einmal gefunden, so kann sie euch nichts und niemand nehmen, sie gehört euch für die Ewigkeit. Ihr werdet sagen: „Ja, schon gut, aber wie kann man denn - wenn man jemanden liebt - Vergnügen durch Arbeit ersetzen? Es ist doch unmöglich!“ Doch, das ist möglich! Wer hindert euch daran, den geliebten Menschen zu umarmen und euch mit ihm auf das Licht, die Schönheit, das ewige Leben zu konzentrieren..., ohne daß ihr dabei zu weit geht? Gewiß wird es für manche kaum möglich sein, denn sie sind überzeugt, sinnliches Vergnügen müsse unbedingt ihr ganzes Leben regieren. Was euch aber anbelangt, bemüht euch, diese neuen und tiefen Einsichten zu ergründen und versucht, sie in die Tat umzusetzen. Dann werdet ihr schon spüren, wie ihr vorwärtskommt, wie sich allmählich in euch ungeahnte Fähigkeiten entfalten; ihr werdet andere subtilere Formen der Freude genießen.

Zunächst ist sinnliches Vergnügen natürlich sehr angenehm, aber allmählich zerstört es euch. Mit der Arbeit ist es gerade umgekehrt. Am Anfang fällt sie einem schwer, aber mit der Zeit fühlt man sich gestärkt, bereichert, beglückt. Es ist also in eurem Interesse, die Arbeit als Ziel eures Lebens zu setzen, d.h. euch so zu verhalten, daß jeder Moment am Tag zur Gelegenheit wird, auf dem Weg zur Selbstbeherrschung, zur Harmonie, zur Erleuchtung weiterzuschreiten. Ihr werdet es eines Tages selbst feststellen: in dieser Arbeit ist das tiefste Vergnügen verborgen.

Hierbei dürft ihr euch aber nicht bei der gegenwärtigen Empfindung aufhalten, denn allzu oft ist sie bloß reine Täuschung. Reifliche Überlegung ist schon erforderlich, um euren Entschluß und dessen langfristige Auswirkungen klar einschätzen zu können. Ihr arbeitet, ihr strengt euch an, aber ihr verliert bald den Mut, denn noch zieht ihr keinen Vorteil daraus. Könntet ihr aber, wie ich, all das Schöne und Herrliche sehen, das eines Tages aus eurer Arbeit erwachsen wird, dann würdet ihr um keinen Preis davon ablassen.

# IV

# DIE PHILOSOPHIE DER ANSTRENGUNG

Der Mensch neigt von Natur aus dazu, Anstrengungen zu vermeiden, und er macht sein Möglichstes, anderen - Mitmenschen, Tieren oder Maschinen - die Verrichtung seiner Aufgaben aufzubürden. So wird er selbst immer schwächer und verliert bald all seine Fähigkeiten. Wer widerstandsfähig, klug und dazu noch fähig sein will, sich jeder Situation zu stellen, muß sich daran gewöhnen, Anstrengungen zu machen. Denn sie sind es eben, die ihn am Leben erhalten. Heutzutage ist es möglich, sich unzählige Dinge mühelos zu verschaffen. Aber mit welchem Ergebnis? Überfluß auf der materiellen Ebene, das ist alles, und innerlich ist nichts, nur Leere.

Durch den technischen Fortschritt sind z.B. auf allen Gebieten Erleichterungen eingetreten, das kann man nicht leugnen; aber zugleich wird alles, was der Mensch am meisten zum Überleben braucht - Erde, Wasser, Luft - immer mehr verschmutzt, und er selbst muß unaufhörlich giftige Elemente in sich aufnehmen. Folglich tragen diese Fortschritte wenig zu seiner wirklichen Entfaltung, seinem wahren Glück bei, sie bewirken sogar eine Schwächung, weil sie dem Menschen jede Anstrengung abnehmen. Es gibt ja Maschinen, die für ihn arbeiten und rechnen, sein Gedächtnis ersetzen, sich an seiner Stelle bewegen; aber ihm geht es immer schlechter. Er hat allerlei Maschinen erfunden, und er durchquert mit Flugzeugen, Hubschraubern und Raketen den Weltraum, aber innerlich bleibt er an den Erdboden gefesselt, denn seine Denkkraft ist so schwach, daß er sich nicht loslösen und emporheben kann.

Natürlich ist es nicht untersagt, von allen euch zur Verfügung stehenden technischen Mitteln Gebrauch zu machen oder sogar neuartige zu erfinden, falls ihr dazu fähig seid, aber ihr sollt damit beginnen, an euch selbst zu arbeiten, denn die innere Arbeit wird es euch ermöglichen, daß diese Mittel euch bereichern, während sie euch gegenwärtig hauptsächlich schwächen. Wie groß auch euer Ruhm, euer Reichtum, eure Macht sein mag, ihr werdet doch keine Befriedigung daraus schöpfen, wenn ihr euch nicht darum bemüht habt. Auf die Anstrengung müßt ihr zählen, denn darin sind Freude und Glück enthalten. Die einzige solide Grundlage für den Aufbau eurer Existenz seid ihr selbst und eure eigene Aktivität. Solange ihr das nicht begreift, werdet ihr die Situation nie beherrschen, sondern dauernd den äußeren Umständen und Wechselfällen des Lebens ausgeliefert sein. Nichts von dem, wonach ihr euch so innig sehnt, werdet ihr erlangen, und alles wird euch entgleiten. Deswegen gewöhnt euch daran, jeden Tag nur auf die Anstrengung zu zählen, dann werden Himmel und Erde euer eigen sein, und nichts kann euch mehr enttäuschen.

„Sich anstrengen?“ werdet ihr fragen. „Das tun wir schon, wir tun sogar nichts anderes! Tagaus, tagein arbeiten wir, um unseren Lebensunterhalt zu verdienen...“ Das stimmt schon, es reicht aber nicht aus, und übrigens spreche ich nicht so sehr von dieser Art Anstrengung; ich spreche vielmehr von den Anstrengungen des Herzens, der Seele, des Geistes, von euren Bemühungen, zu eurem wahren Selbst zurückzufinden, euch mit dem Wesentlichen, mit dem Kern eures Wesens, mit eurem höheren Ich zu verbinden. Diese Bemühungen sind am wichtigsten. Tag für Tag sollen sie um jeden Preis fortgesetzt werden. Auch wenn ihr es noch nicht fertigbringt, das erwünschte Ideal zu erreichen, dürft ihr in eurem Streben niemals nachlassen, denn allein dieses Streben hinterläßt eine unvergängliche Wirkung, sogar im Jenseits. Die Bemühungen, die ihr euch für die Selbstverwirklichung auferlegt, sind der Schlüssel zu eurer Zukunft.

Aus diesem Grunde dürft ihr, wenn ihr Schwierigkeiten im Leben begegnet, nicht versuchen, ihnen auszuweichen. Begreift, daß die kosmische Intelligenz euch durch diese Lebensbedingungen dazu bringt, weiterzugehen und höher zu steigen. Verlangt also nicht, daß euer Leben glatt verläuft. Welcher Bergsteiger könnte denn einen Berg besteigen, wenn er ganz glatte Felswände vor sich hätte? Um hinaufzuklettern sind Unebenheiten unerläßlich, wo fände er sonst Halt für Hände und Füße? Wo könnte er denn sein Seil befestigen? Dank der Unebenheiten nähert er sich allmählich dem Gipfel. Mit den Widerwärtigkeiten und Hindernissen des Lebens steht es genauso - sie sind unerläßlich.

Ihr werdet einwenden, das Gesagte stehe im Widerspruch zu meinen wiederholten Behauptungen, das Leben solle harmonisch und friedlich verlaufen. Nun beharre ich darauf, daß Schwierigkeiten und Hindernisse erforderlich sind, um vorwärtszukommen. Eines soll euch unbedingt klar sein: wer sich nach Harmonie und Frieden sehnt, ohne zuvor gelernt zu haben, Hindernisse zu überwinden, muß im Leben mit allerlei Störungen und Verwirrungen rechnen. Warum? Weil die wirkliche Harmonie, der wahre Friede eine Belohnung darstellt, die nur denjenigen zuteil wird, die darum gerungen haben, sie durch Uneigennützigkeit, Güte und Geduld zu gewinnen. Welchen Prüfungen sie im Leben auch ausgesetzt sind, sie lassen sich nicht aus der Ruhe bringen, sie leiden nicht mehr und bürden den anderen auch keine Last auf, weil es ihnen gelungen ist, alles zu verwandeln, zu verbessern, zu verwerten. Dank einer geduldigen, langwierigen Arbeit haben sie es erreicht,

Verbindung mit dem Himmel und den dort beheimateten Lichtwesen herzustellen. Und es wird der Tag kommen, an dem sie spüren, daß sie plötzlich bis zum Gipfel emporgehoben werden. Dort brauchen sie sich nicht mehr an den Unebenheiten festzuklammern und mühsam zu klettern, sie fliegen. Ist das denn so schwer zu begreifen?

Glück, innere Fülle und Friede müßt ihr euch wünschen, denn darin besteht das wahre Leben. Aber solange man noch unvollkommen ist, ist man auf dem falschen Weg. Der Beweis? Wer sehnt sich nicht nach Glück? Alle Menschen sind nur darauf erpicht; alle stecken voller Pläne, deren Verwirklichung sie viel Zeit widmen, denn sie sind überzeugt, das würde sie glücklich machen, und trotzdem sind sie nicht glücklich! Also ein sprechender Beweis, daß es noch manches zu erfassen und richtigzustellen gibt. Ja, solange man sich nicht um Vervollkommnung bemüht, soll man sich kein glattes, leichtes Leben wünschen, aber das gibt es sowieso nicht. Man soll alle Schwierigkeiten annehmen und sich darüber im klaren sein, daß das wahre Glück nur durch selbst auferlegte Anstrengungen erlangt werden kann.

Ich weiß, daß es euch schwerfällt, das zu akzeptieren, aber es entspricht der Realität. Würden unsere Wünsche Wirklichkeit werden, dann gäbe es oft Katastrophen. Wir sind nicht hellsichtig genug, um die Folgen unserer Wünsche auf lange Sicht vorauszusehen. Das, was wir als günstig betrachten, würde uns - falls es Wirklichkeit würde - dazu verführen, unser Leben in Trägheit und Vergnügungen zu verbringen. Ja, wirklich! Glücklicherweise gewährt die kosmische Intelligenz den Menschen das Glück nicht, wie sie es sich selbst wünschen! Denn alles, sogar die Lust zum Leben, würde dabei verlorengehen. Die tiefe Beglückung liegt in der Anstrengung. Hört also auf, wie Kinder nach Süßigkeiten zu verlangen, sonst werdet ihr krank. Beginnt ihr aber, der Bitterkeit, dem Chinin, etwas Geschmack abzugewinnen, dann seid ihr gerettet. Oft erkrankt man durch das, was einem besonders schmeckt. Deshalb dürft ihr nicht weinen, wenn ihr es entbehren müßt. Der Himmel ist es, der euch Entbehrungen auferlegt, damit ihr noch eine Zeitlang am Leben bleibt.

Das ist die wahre Philosophie, die ich erhalten und übernommen habe. Sie ist also meine Philosophie, und ich würde sie um keinen Preis aufgeben, auch nicht für alle Schätze der Welt... Daraus sollt ihr nicht schließen, ich würde Reichtümer zurückweisen, falls ich sie erhielte! Alles ist willkommen, wenn alle davon profitieren können. Reichtum ist aber nicht das Ziel meines Lebens.

Das Wesentliche besteht also in den Anstrengungen, die ihr macht, um euer Ideal zu verwirklichen. Es wird euch zwar keinen großen Vorteil auf der materiellen Ebene bringen, aber innerlich werdet ihr etwas erreichen, das nicht einmal Könige und Fürsten besitzen. Laßt euch nicht unentwegt durch die äußere

Erscheinung der Dinge fesseln, die wahren Schätze entdeckt ihr nur in eurem Inneren und ihr sammelt immer neue dazu. Fangt ihr einmal an, euch für diese Arbeit einzusetzen, dann werden sich eines Tages Licht, Verständnis, Macht, sogar Ausgeglichenheit und Harmonie in euch niederlassen.

Immer wieder werden die Menschen vom äußeren Schein der Dinge geblendet. Sogar wenn sie in aller Stille Einkehr halten, bleiben ihre Gedanken noch an äußerlichen Ereignissen und Dingen haften. Statt bis zum Mittelpunkt, zum Kern ihres Wesens, zu gelangen, bleiben sie selbst während ihrer Versenkung an Äußerlichkeiten gefesselt. Und ihr handelt nicht anders. Versucht, euch zu analysieren, und ihr werdet feststellen müssen, daß ihr es nicht fertigbringt, in euch zu gehen und dort zu verweilen, eure Aufmerksamkeit wird immer wieder abgelenkt. Ihr erwidert: „Was Sie von uns verlangen, ist zu schwierig.“ Es mag schon sein, es ist aber notwendig, solche Worte zu hören, denn eines Tages werdet ihr euch daran erinnern und entdecken, daß auch ihr endlich fähig seid, ein Innenleben zu führen.

Baut also eure Existenz auf die eigenen Anstrengungen und zählt auf nichts anderes! Nehmt all das Gute an, das euch die äußere Welt bietet, macht Gebrauch davon, aber verlaßt euch nicht darauf. Eure wirkliche Zukunft besteht darin, alle Regionen des Raumes zwischen Sonnen und Sternen zu durchqueren, und diese Reise könnt ihr nur mit den in euch angesammelten Schätzen antreten. Ihr müßt lernen, woran ihr arbeiten sollt und worauf ihr rechnen könnt. Solange ihr euch auf Mann, Frau, Kinder, Haus oder Vermögen verlaßt, werdet ihr allerlei Enttäuschungen ausgesetzt sein. Ihr könnt nur auf den Geist bauen, denn er ist reine Aktivität, ständiges Streben... Was daneben existiert, könnt ihr benutzen, wenn es euch zur Verfügung steht, und dankt dem Himmel dafür, verlaßt euch aber nicht darauf.

Und ich gehe sogar noch weiter, nicht einmal auf euren Meister sollt ihr euch verlassen. Zählt nicht auf mich, solange ich nicht ein Teil eures Wesens geworden bin, solange ihr mich als jemanden betrachtet, der zu euch kommen mag oder nicht! Habt ihr mich aber in euer Wesen, in euer Herz, in eure Seele geschlossen, dann könnt ihr euch auf mich verlassen; meine Gegenwart wird ebenso wahrhaftig und zuverlässig sein, wie ihr selbst. Immer werde ich euch in Leid und Kummer beistehen; ihr werdet spüren, daß ich überall mit euch bin und euch nie allein lasse und daß sich etwas von meinem Wissen, meiner Liebe, meiner Geduld in euch überträgt. Ihr fragt: „Es ist also nicht notwendig, mit Ihnen zusammen zu kommen?“ Doch, nützt diese Begegnungen aus, zieht Vorteile daraus, aber zählt nicht ausschließlich darauf, sonst seid ihr eines Tages enttäuscht und unglücklich.

# V

# SPIRITUELLES LICHT
# BRINGT DAS WAHRE GLÜCK

Im Grunde wissen die meisten Menschen, daß Geld kein wirkliches Glück mit sich bringen kann, was ein französisches Sprichwort so ausdrückt: „Geld macht nicht glücklich." Andererseits wissen sie auch, daß Geld ihnen die Erfüllung mancher Wünsche ermöglicht. Und da sie unzählige Wünsche haben, brauchen sie natürlich viel Geld! Nur muß man sich fragen, ob denn die meisten Wünsche, die man sich mit Geld erfüllen kann, im Grunde wirklich so selbstlos und edel sind?

Also Vorsicht! Fragt euch immer, warum und wozu ihr euch Geld wünscht! Ja, auf diesem Gebiet müßt ihr wachsam sein, denn Geld ist das mächtigste Mittel zur Befriedigung der niederen Natur. Euer göttliches Wesen, euer höheres Ich braucht kein Geld, es braucht Licht, Liebe, Unendlichkeit, Ewigkeit, und die kann ihm Geld nicht verschaffen.

Geld kann euch nur das verschaffen, was ihr auf der materiellen Ebene braucht - Nahrung, Kleidung, Schmuck, Häuser, Autos usw. - , weiter nichts. Oft hilft es euch nicht einmal, gesund zu werden. Wenn ihr euch verwirrt oder beunruhigt fühlt, zu nichts Lust habt, hilft euch kein Medikament - so teuer es auch sei -, wieder gesund zu werden. Und selbst wenn das Medikament lindernd wirkt, macht ihr selbst durch eure unvernünftige Lebensweise seine wohltuende Wirkung zunichte und erkrankt von neuem. Das Übel steckt in der Lebensführung, und ihr könnt ihm nur mit etwas Unverkäuflichem abhelfen.

Natürlich ist Geld unentbehrlich, und ich würde auch nicht behaupten, ihr könnt ohne Geld leben, denn dann würdet ihr zu Schmarotzern werden. Die Abschaffung des Geldes wäre auch keine gute Lösung, wie manche es empfehlen, weil sie der Meinung sind, das ganze Mißgeschick der Menschheit käme vom Geld. Geld ist ein Tauschmittel, und schafft man es ab, dann müßte man es durch etwas anderes ersetzen, und man stände vor demselben Problem, weil das Gesellschaftsleben nun einmal auf dem Austausch beruht. Wenn Geld Schaden anrichtet, ist es nicht die Schuld des Geldes, sondern die Schuld desjenigen, der damit seine Begierden zu befriedigen sucht. Hat er böse Absichten, dann dient ihm natürlich das Geld dazu, sie in die Tat umzusetzen. Setzt er sich aber andere Gedanken in den Kopf, dann wird dasselbe Geld in seinen Händen zu einem wahren Segen.

Geld übt eine unglaubliche Macht auf die niedere Natur - die Personalität - aus, erregt sie und peitscht sie auf. „Nur los! Du bist durchaus fähig, diesen Menschen da zugrunde zu richten und den anderen zu verdrängen. Diese Frau ist schon verheiratet? Das ist doch egal! Was hält dich denn zurück? Da sie dir gefällt, wirst du sie schon kriegen, kein Problem! Schenke ihr Diamanten und einen Wagen, dann liegt sie dir zu Füßen!" Ja, Geld ist tatsächlich der schlimmste Ratgeber der Personalität, das kann man jeden Tag feststellen. Möchtet ihr jemanden wirklich kennenlernen? Gebt ihm viel Geld und beobachtet, wie er sich dabei verhält. Wenn er sich nicht gleich kopfüber in allerlei Vergnügungen stürzt, keine Eitelkeit, keine Ansprüche, weder Härte noch Arroganz zeigt, dann habt ihr es mit einem rechtschaffenen Menschen zu tun. Ihr könnt euch auf ihn verlassen, denn er hat den Versuchungen, die mit dem Geld verbunden sind, widerstanden.

Um das Problem des Geldes endgültig zu lösen, müßt ihr wissen, daß die Gefahr darin liegt, nur noch ans Geld zu denken, denn so nimmt der Gedanke ans Geld solche Ausmaße an, daß dadurch sogar der Himmel verfinstert wird. Es wirkt wie ein Vorhang, der das göttliche Licht nicht durchläßt, ihm verbietet, den Menschen zu durchfluten und sich in ihm niederzulassen. Geld zu besitzen ist zwar an sich nicht schlecht, aber unter der Bedingung, daß man es in eine Tasche, in eine Schublade steckt, in einem Safe hinterlegt usw., damit es nötigenfalls zur Verfügung steht... Schließt es irgendwo ein, aber bloß nicht in eurem Kopf, sonst wird es die Oberhand gewinnen und euch versklaven. Wenn ihr befehlt, und es gehorcht euch, dann werdet ihr viel Gutes tun können. Wenn euch das Geld aber beherrscht, wird es euch immer wieder dazu verleiten, eure Mitmenschen zu beherrschen und zu beseitigen. Es mag sein, daß die Leute euch bewundern, weil ihr es zum mächtigen Bankier oder zum erfolgreichen Geschäftsmann mit weltweiten Filialen gebracht habt. Da ihr aber die Gesetze der Güte, der Großzügigkeit oder der Selbstlosigkeit übertreten habt, wird euch eines Tages die göttliche Gerechtigkeit zur Rechenschaft ziehen, und die Übertretungen müßt ihr dann mit allerlei physischen und psychischen Prüfungen bezahlen.

Jeder von euch soll über seine Beziehung zum Geld nachdenken und sich ganz besonders davor hüten, es als Ideal und als Ziel seines Lebens anzustreben und ständig daran zu denken, sonst wird es wie eine undurchsichtige Schirmwand zwischen euch und der geistigen Sonne stehen, die euch dann nicht erleuchten kann. Eure Gedanken dürfen sich nur dem Licht, dem Himmel, den Engeln und Erzengeln öffnen, um ihre Botschaften, ihre Ratschläge zu empfangen. Gibt es aber ein Hemmnis in eurem Kopf, dann werden diese Botschaften von ihrem Ziel abgelenkt. Ihr wißt dann nicht mehr wohin und werdet nicht mehr richtig geführt. Und hat man einmal die

Orientierung verloren, dann stolpert man kopfüber in Fallen und Abgründe.

Um das Glück zu erlangen, braucht man kein Geld, sondern Licht. Manchmal bittet mich der eine oder der andere um Rat, welchen Beruf er ergreifen soll. Er ist noch unschlüssig. Soll er sich für einen Beruf mit hohem Einkommen entschließen oder für einen, der weniger gewinnbringend ist, ihm aber mehr freie Zeit läßt... Und was glaubt ihr, was ich antworte? Als spiritueller Lehrer liegt es nicht an mir, ihm zu sagen, was er tun soll, sondern ihn lediglich über die Konsequenzen seiner Wahl aufzuklären. Er muß selbst überlegen, sich analysieren und eine Entscheidung treffen. Meine Antwort lautet also: „Viel Geld verdienen ist an sich nicht schlecht; alles hängt von Ihrem Ziel, Ihrem Ideal ab, von dem, was Sie im Leben verwirklichen möchten. Entspricht Ihr Ideal dem allgemeinen Motto „im Leben soll man es zu etwas bringen“, mit anderen Worten, Macht und Autorität erlangen, dann los! Haben Sie aber ein anderes Ideal, möchten Sie auf dem Weg des spirituellen Lebens vorwärtskommen, dann werden die Bedürfnisse auf der materiellen Ebene viel geringer sein, und Sie können mit weniger Geld auch glücklich sein. Die Entscheidung liegt bei Ihnen.“

Wer ein großes Vermögen besitzt, wird sowieso unentwegt in einen Wirbel von Aktivitäten und Sorgen gerissen. Er muß sich stets vor einem Schwarm ehrgeiziger, unehrlicher und habgieriger Menschen hüten, die seinen Besitz im Auge haben. Wie wachsam er auch sei, er kann wirklich nicht alles voraussehen, nicht alles abwehren. Diese endlosen Sorgen sind eine Belastung, die ihn an die materielle Ebene fesseln und von den spirituellen Regionen fernhalten. Auf diese Weise geht viel Zeit und Energie verloren, die er für seine eigene spirituelle Entwicklung und die der anderen sinnvoller hätte verwenden können; denn dank seiner Errungenschaften auf der spirituellen Ebene hätte er doch so viele Gelegenheiten zu helfen! Was die uns auferlegten Aufgaben auch seien, es ist besser, sich nicht zu überlasten und sich mit dem Notwendigen zu begnügen. Sobald man mehr verlangt, wird das Leben kompliziert.

Ihr fragt: „Wie steht es denn mit den Menschen, die eine große Erbschaft antreten? Ist es schlecht für ihre spirituelle Entwicklung?" Zunächst kommen solche Fälle ziemlich selten vor, und dann hängt es von den Menschen ab. Sie wollen entweder vom Geld profitieren, um ihre Neigungen zum Nichtstun, ihre Launen und Ambitionen zufriedenzustellen, oder sie möchten - da sie uneigennützig und selbstlos sind - das Vermögen dazu benutzen, Gutes zu tun.

Trotzdem muß man sich darüber im klaren sein, daß Geld lediglich auf der materiellen Ebene nützlich ist. Auf der psychischen und spirituellen Ebene kann den anderen mit Geld nicht geholfen werden; da braucht man Licht - das Licht, das flüssiges Gold ist! Liebt ihr das Licht, so besitzt ihr schon Gold auf der spirituellen Ebene. Je reicher ihr an diesem Gold seid, desto mehr könnt ihr in den himmlischen Geschäften kaufen. Dort findet ihr Dinge, die an keinem anderen Ort zu erhalten sind: Weisheit, Liebe, Freude, Unendlichkeit und Ewigkeit. Aus diesem Grund versuchen Weise und Eingeweihte so viel Gold wie möglich auf der spirituellen Ebene anzusammeln; so erwerben sie gute Eigenschaften und Tugenden, die dann den anderen zugute kommen. Auch wenn sie kein Geld in der Tasche haben, ziehen sie - dank des ihnen innewohnenden Lichtes - weitere Geschenke vom Himmel heran und verteilen sie um sich herum.

Es ist also klar: auf der materiellen Ebene ist es günstiger, wenige Ansprüche zu haben. Auf der spirituellen Ebene hingegen soll man unersättlich sein, sich niemals mit sich selbst und seinen Errungenschaften zufriedengeben, sondern immer wieder - um für das Gute zu arbeiten - danach streben, reicher und mächtiger zu werden, auch wenn die übliche Moral und die gängige Religion ein solches Verhalten nicht besonders empfehlen. Für sie ist es schon recht, wenn man ein guter Vater, ein vorbildlicher Ehemann ist, Frau und Kinder ernährt und kleidet, mit ihnen am Sonntag spazierengeht und die ganze Schar am Abend selig nach Hause zurückbringt. Das sind wirklich gute Vorbilder! Schlecht ist es natürlich nicht, denn viele sind nicht einmal fähig, das zu tun. Für denjenigen aber, der nach den Geboten der wirklichen Moral, der wahrhaftigen Religion leben möchte, reicht eine solche „Moral“ nicht aus.

Die wahre Moral, die wirkliche Religion ist in folgendem Gebot Jesu enthalten: „Seid vollkommen, wie euer himmlischer Vater vollkommen ist.“ Wie kann denn jemand vollkommen sein, wenn er sich den Vorschriften einer so mittelmäßigen Moral fügt? Die Entfernung zwischen Gott und dem Menschen ist so unendlich groß, daß man sich fragt, warum Jesus auf ein solches Ideal hinwies, denn seine Worte: „Seid vollkommen wie Gott selbst“ gehen weit über unsere Vorstellungskraft hinaus. Er hat sie nicht von ungefähr gesagt, sondern mit Absicht.... Auf der materiellen Ebene ist es angemessen, sich mit kleinen Dingen zu begnügen und dafür dankbar zu sein. Auf der spirituellen Ebene darf man sich aber nie zufriedengeben, man muß sich ehrgeizig, unersättlich zeigen, das höchste unerreichbare Ideal, mit einem Wort - die göttliche Vollkommenheit - anstreben. Man soll den Himmel um all seine Tugenden und Schätze bitten, ja, um alle, damit uns wenigstens ein Prozent davon vergönnt wird. Ihr müßt Gott um das Licht anflehen, damit alles in euch Licht werde, in euren Gedanken und Gefühlen, in euren Handlungen, in eurem physischen Körper... Licht - in diesem Wort sind alle erdenklichen Reichtümer zusammengefaßt. Es enthält alles, was am lautersten, am mächtigsten, am schönsten und am erhabensten ist... mit einem Wort - Gott.

Ich war noch sehr jung, als ich Meister Peter Deunov kennenlernte und ihn eines Tages fragte: „Meister, was ist die beste Methode, um sich in der Meditation mit Gott zu verbinden?“ - „Die Arbeit mit dem Licht“, antwortete er, „denn das Licht ist der Ausdruck der göttlichen Pracht. Man muß sich auf das Licht konzentrieren, mit dem Licht arbeiten, sich mit Wonne von ihm durchfluten lassen. Durch das Licht stellt man eine Beziehung zu Gott her.“ Und ich sage euch dasselbe: es gibt keine bessere Arbeit als die Arbeit mit dem Licht. Das Licht gleicht einem Ozean voll pulsierenden und vibrierenden Lebens. Ihr könnt in ihn eintauchen und schwimmen, euch läutern und ernähren, denn nur im Licht genießt ihr die wahre innere Fülle.

Das Licht ist auch das Symbol aller Farben, auf die ihr euch konzentrieren könnt; entweder auf jede einzelne oder auf mehrere zusammen. Wenn es euch gelingt, die Farben durch eure Gedanken zu erschaffen, dann ist es euch möglich, sie auf die Menschen, die ihr liebt, und die ganze Welt zu projizieren. Diese Arbeit mit dem Licht ist eine Arbeit mit den himmlischen Tugenden, mit den Kräften und Wesenheiten des Himmels, denn hinter diesem Licht, hinter diesen Farben pulsiert ein verborgenes Leben, das sie auf der sichtbaren Ebene veranschaulichen. Durch die Farben könnt ihr euch mit diesem Leben verbinden.

Ungefähr zur selben Zeit sprach der Meister ein paar Worte, die ich ebenfalls nie vergessen habe.

Damals hielt er Vorträge in einem Saal der Oborichtestraße in Sofia, bevor sich die Bruderschaft in Izgrev, außerhalb der Stadt, niederließ. Eines Tages tauchte vor Beginn des Vortrags ein Herr auf, der dem Meister allerlei Fragen stellte. Da ich anwesend war, hörte ich natürlich zu. Der Meister zeigte sich stets schlicht und natürlich, voller Würde und Ernst. Seine Antworten waren aber sehr knapp. Auf einmal fragte der Herr: „Woran kann man die Entwicklung eines Menschen erkennen?“ - „An der Intensität des Lichtes, das er ausstrahlt“, antwortete der Meister. Ich war damals sehr jung, und für mich waren diese Kriterien noch unbekannt. Die Antwort des Meisters beeindruckte mich aber dermaßen, daß sie mir von da an als Grundlage für mein Dasein diente. Mein Leben lang kam auch ich immer von neuem zu der Erkenntnis, daß man die Menschen nach ihrem Licht einstufen kann.

Dieses Licht ist natürlich nicht wirklich sichtbar. Doch spürt man es im Blick, im Gesichtsausdruck, in der Harmonie der Gesten. Es hängt weder von intellektuellen Fähigkeiten noch von der Bildung ab, sondern ist eine Manifestation des göttlichen Lebens. Dieses Licht ist es, das wir unermüdlich suchen müssen.

# VI

# DER SINN DES LEBENS

Jeder Mensch, wer er auch sei, bemüht sich - mehr oder weniger bewußt -, seinem Leben einen Sinn zu geben. Er braucht eine Daseinsberechtigung, die er Tag für Tag in allen Ereignissen seines Familien-, Gesellschafts- und Berufslebens zu finden sucht. In Wirklichkeit aber vermag kein Erfolg, kein materieller Besitz ihm den Sinn des Lebens zu enthüllen, denn es handelt sich um einen „Sinn“, und der Sinn hat mit Materie nichts zu tun. Man kann ihn nur sehr hoch oben auf den subtilen Ebenen finden; tiefer unten, auf den niederen Ebenen, gibt es nur die Formen. Natürlich kann man die Form mit einem Inhalt füllen, einem Inhalt, der aus einem Gefühl, einer Empfindung entsteht, die man einem wertvollen Gegenstand, einem geliebten Menschen oder einer liebgewonnen Tätigkeit entgegenbringt. Das Gefühl ist aber von kurzer Dauer; irgendwann spürt man eine Leere und leidet. Deshalb muß man über den Inhalt hinaus etwas anderes suchen, nämlich den Sinn. Hat man ihn einmal gefunden, so ist man innerlich ganz erfüllt.

Ein Beispiel soll euch das veranschaulichen. Gestern habt ihr eine köstliche Mahlzeit genossen, das galt aber für gestern; heute müßt ihr wieder essen, denn allein durch die Erinnerung an die gestrige Mahlzeit werdet ihr nicht satt. Wenn ihr aber ein Buch lest, Musik hört, euch ein Bild anschaut, spürt ihr auf einmal, daß ihr einer Wahrheit näherkommt, die eure Einstellung zum Leben verwandelt. Diese Offenbarung wird auch noch bis morgen und übermorgen anhalten, weil sich euer Geist durch das Buch, das Bild, die Musik sehr hoch hinaufgeschwungen und einen Sinn erfaßt hat. Es ist wie ein Teil der Ewigkeit, der euch durchflutet und nie mehr verläßt.

Habt ihr einmal den Sinn der Dinge erkannt, so verliert ihr ihn niemals mehr. Aber um ihn zu finden, müßt ihr euch erheben, um euch auf den höheren Ebenen richtig zu ernähren, richtig zu denken, zu lieben und zu handeln. Solange ihr diesen Sinn auf niederen Ebenen sucht, werdet ihr ihn nicht entdecken, denn nichts Materielles kann euch diesen Sinn geben. Mit einer Wahrheit dagegen, die ihr erkennt oder die euch jemand vermittelt hat, könnt ihr jeden Tag leben und arbeiten; der Erfolg wird nicht ausbleiben.

Selbstverständlich genügt es nicht, von Zeit zu Zeit eine Erleuchtung zu haben, um dem Leben einen Sinn zu verleihen; man muß lernen, diesen Augenblick zu verlängern, damit er zu einem anhaltenden Bewußtseinszustand wird, der alles in euch läutert, ordnet und ausgleicht. Leider seid ihr oft so sorglos und oberflächlich, daß ihr in wenigen Minuten von der göttlichen Welt zu den prosaischsten und dümmsten Beschäftigungen übergeht; dann ist es, als wäre plötzlich alles ausgelöscht. Ihr habt keine Ahnung, was ihr dabei verliert, denn dieser geistige Zustand hatte die Macht, sich auf euer ganzes Wesen auszuwirken, alle Regungen zu beruhigen und zu harmonisieren. Wäret ihr imstande gewesen, ihn weiter aufrechtzuerhalten, dann hätte er euch vor negativen Zuständen bewahren können. Leider braucht ihr aber Abwechslung und Veränderungen; nach der Meditation, dem Gebet habt ihr wieder das Bedürfnis, an Lappalien, Machenschaften, Rachgier und Vergnügungen zu denken.

Ihr wendet ein: „Sie verlangen von uns etwas Unmögliches. Im Leben kann kein Mensch unentwegt in göttlich-seelischen Zuständen verharren." Dem Anschein nach habt ihr schon recht, das weiß ich. Ich lebe in derselben Welt wie ihr und weiß, wie die Dinge stehen. Ich weiß aber auch, daß in allen Situationen der Schüler des Lichtes sich trotz Müdigkeit, Entmutigung, Kummer und Mißgeschick nicht mitreißen läßt, sondern sich im Gegenteil an die großen überwältigenden Erlebnisse, an die unschätzbaren Erfahrungen klammert, die ihm in bevorzugten

Momenten den wahrhaftigen Sinn des Lebens enthüllt haben.

Auch wenn es im Leben oft unmöglich ist, Leid und Kummer auszuweichen, so sollt ihr trotzdem diesen Sinn in euch bewahren und alle Schwierigkeiten des Alltags benützen, um ihn zu entwickeln und zu verstärken. So verhalten sich spirituelle Menschen. Die innere göttliche Arbeit, die sie unternommen haben, würden sie um keinen Preis unterbrechen. Sogar bei den schwersten Prüfungen sagen sie sich: „Da wird mir eine gute Gelegenheit geboten, alle feindseligen Kräfte zum Gelingen meiner Arbeit zu mobilisieren und sinnvoll einzuspannen!“ Die meisten Menschen hingegen - auch wenn ihnen nichts Besonderes zustößt - bringen es durch ihren Leichtsinn fertig, das ganze erworbene Gut zu verpfuschen. Ja, so ist es, das Erschaffene wird immer wieder zerstört, und deshalb kommt man zu nichts. Um Ergebnisse zu erzielen, muß die in Angriff genommene spirituelle Arbeit gefördert, müssen die gesamten Kräfte immer wieder eingesetzt werden; Gutes und Böses, Freude und Kummer, Hoffnung und Entmutigung, ja, alles muß man für diese Arbeit einspannen. Nur so kann wirklich von Aufbau die Rede sein, denn jeder Tag bringt neue Bausteine mit sich.

Den Sinn des Lebens findet ihr weder in der Familie noch im Beruf, weder in der Kunst noch im Herumreisen usw. Sie können euch wohl als Mittel dienen, diesem Sinn näherzukommen, den Sinn findet ihr aber nicht darin. Der Beweis? Familie, Beruf, Reisen oder Kunst haben einen Menschen nie daran gehindert, Selbstmord zu begehen.

Den Sinn des Lebens werdet ihr erst finden, wenn ihr euch dazu entschließt, an der Verwirklichung des Reiches Gottes und seiner Gerechtigkeit mitzuwirken. Was euch auch geschehen mag, dort habt ihr die Gewißheit, ein Arbeiter auf dem Feld des Herrn zu sein, und ihr fühlt euch zufrieden, beglückt und sogar unterstützt, weil ihr an einer großartigen Arbeit beteiligt seid. Ihr fühlt euch weder einsam noch verlassen. Jeder vermag heute den Sinn des Lebens zu entdecken, denn statt für sich selbst, für seine eigenen Bedürfnisse, seine eigene Befriedigung zu arbeiten, kann er heute schon sagen: „Von jetzt an will ich für das Reich Gottes und seine Gerechtigkeit arbeiten." Auch wenn dieser Mensch auf Erden „unbekannt" bleibt, steht doch sein Name im Buch des Lebens, und er wird mit dem himmlischen Segen überschüttet. Es gibt wirklich nichts Segensreicheres, als seine ganze Kraft für diese Arbeit einzusetzen. Ja, man soll immer weitergehen, immer weitere, höhere Ziele anstreben; das gibt dem Leben wirklich einen Sinn.

Habt ihr einmal - durch Meditation, Gebet, Musik, ein Buch oder durch die Betrachtung einer Landschaft - einen göttlichen Moment erlebt, so versucht, ihn wirklich zu schätzen, dem Himmel dafür zu danken und zu sagen: „Ach, heute habe ich etwas Außerordentliches erlebt. Morgen und übermorgen muß ich es weiterpflegen, denn ich fühlte mich wie im Himmel. Dieser Moment wird alles in mir verwandeln."

Den Sinn des Lebens finden kommt der Entdeckung eines Teilchens gleich, das euch nur die göttliche Welt geben kann; aber nur denjenigen, die sich jahrelang darum bemüht haben, wird es zuteil. Der Sinn des Lebens ist keineswegs etwas, das man mit Hilfe der Gefühle oder Gedanken erzeugen kann, und der Mensch hat keine Möglichkeit, zu entscheiden, wie dieser Sinn zu sein hat.

Der Sinn des Lebens ist die Belohnung für die innere Arbeit, die der Mensch mit Geduld unablässig an sich selbst verrichtet. Hat er also einen gewissen Bewußtseinszustand erreicht, so bekommt er vom Himmel ein Teilchen geschenkt, etwas wie ein Funken Licht, der seine Materie völlig durchdringt. Von nun an bekommt sein Leben eine neue Dimension, eine ungeahnte Intensität. Alle Geschehnisse erscheinen ihm in einem anderen Licht als zuvor, als wäre ihm die Daseinsberechtigung aller Dinge endlich klar. Sogar der Tod schreckt ihn nicht mehr, denn dieses Atom, dieses Elektron öffnet ihm die unendlich weite Welt der Ewigkeit, in welcher es keine Gefahr, keine Finsternis mehr gibt, und er spürt, wie er schon im grenzenlosen Reich des Lichtes wandert.

Hat man einmal den Sinn des Lebens herausgefunden, dann verblaßt wirklich alles andere daneben, und Sorgen und Kummer des Alltags verlieren ihre Bedeutung. All jene, die nicht aufhören, zu klagen und zu jammern, sie hätten kein Geld, der erwünschte Erfolg bliebe ihnen vorenthalten, sie fühlten sich verlassen und verraten usw., zeigen dadurch, daß sie den wirklichen Sinn des Lebens noch nicht gefunden haben. Wenn für sie dieser Sinn nur in Form von Geld und Ehrgeiz, im Besitz eines Mannes oder einer Frau besteht, dann werden sich ihnen genug Gelegenheiten zur Enttäuschung bieten!

Den Sinn des Lebens gefunden zu haben bedeutet, einen so hohen Bewußtseinszustand erreicht zu haben, daß er das gesamte Universum umfaßt, und alle Kleinigkeiten des Lebens verlieren sich darin und lösen sich auf. Wer den Sinn des Lebens begriffen hat, fühlt sich gestärkt, auch wenn er Schmähungen und Verfolgungen ausgesetzt ist; er ist es, der die anderen dann voller Mitleid anschaut. „Die Armen", sagt er sich, „sie begreifen nicht - was sie auch gegen mich sagen oder tun -, daß ich in der Unendlichkeit, in der Ewigkeit lebe und am kosmischen Leben teilhabe."

Vielleicht meint ihr, das eben Vorgetragene sei schwer verständlich. In Wirklichkeit braucht ihr nur folgendes in Betracht zu ziehen: den Sinn des Lebens werdet ihr erst finden, wenn ihr eure gesamten Kräfte für ein erhabenes Ideal einsetzt. Milliarden lichtvoller

Wesenheiten arbeiten für dieses Ideal, und wenn sie merken, daß ihr mit ihnen am Aufbau einer neuen Welt mitwirkt, so werdet ihr mit unzähligen Segnungen überschüttet... Dann spürt ihr, wie etwas in euch aufbricht und aus euch herausströmt. Selbst wenn ihr nichts verlangt, nichts erwartet, werdet ihr den Eindruck haben, alles empfangen zu haben.

# VII

# FRIEDE UND GLÜCK

Wie oft hört man die Menschen sagen: „Laßt mich doch endlich in Frieden!“ Sie bilden sich ein, nur weil man sie in Ruhe läßt, werde für sie alles glatt und glücklich verlaufen. Was ist das aber für ein Friede? Ist denn dieser Zustand von Frieden und Glück so leicht zu erreichen? Nein, und man macht sich keinen klaren Begriff vom Frieden - vom Glück übrigens auch nicht.

Solange der Mensch seiner niederen Natur, seinen niederen Trieben und Begierden oder seinem Ehrgeiz unterworfen ist, kann er nicht in Frieden leben. Solange noch Haß, Neid, Habsucht in seinem Herzen, in seinem Intellekt und in seinem Willen sind, wird er nur Streit und Aufregung erleben. Auch wenn er eine Zeitlang Ruhe hat und glaubt, sein Ziel erreicht zu haben, tauchen bald neue Probleme auf, und „sein“ Friede schwindet dahin.

Ein paar gemütliche Stunden oder Tage mit Freunden oder allein im Gebirge verbringen, bedeutet auch nicht, den Frieden zu haben. Der wirkliche

Friede, so wie ihn die Eingeweihten verstehen, ist ein höherer Bewußtseinszustand, der die Erkenntnis der menschlichen Struktur wie die des gesamten Universums voraussetzt. Ja, das werden euch die Eingeweihten sagen, den Frieden könnt ihr erst wirklich genießen, wenn alle Elemente eurer verschiedenen Körper (physischer Körper, Astral-, Mental-, Kausal-, Buddhi- und Atmankörper geläutert sind, miteinander harmonieren und mit den höchsten Regionen des Universums in Einklang stehen.

Der Friede ist also ein Bewußtseinszustand, der eine langwierige Arbeit der inneren Selbstbeherrschung und Ausgeglichenheit erfordert. Bis dahin wird euch sicher ab und zu etwas Ruhe und Entspannung gewährt, solange aber diese Arbeit nicht vollzogen ist, läßt sich der Friede nicht in euch nieder, denn jeden Tag, ja sogar mehrmals am Tage, können zahlreiche betrübliche Zwischenfälle auftreten! Habt ihr einmal den wahren Frieden erreicht, so seid ihr fähig, alle Schwierigkeiten und Mißgeschicke ruhig hinzunehmen. Natürlich werdet ihr euch manchmal besorgt und bekümmert fühlen, aber nur an der Oberfläche. Der Friede wird euch nicht verlassen, ihr werdet ihn immer noch in der Tiefe eures Wesens spüren. Es ist wie der Meeresgrund, dem kein Sturm etwas anhaben kann. Der wirkliche Friede enthält etwas Weites, Unwandelbares, denn er gehört der Region von Seele und Geist an.

Der wahre Friede ist also nur auf sehr hohen Ebenen zu finden; er entsteht aus einem Zusammenklang, einer Synthese, einer Harmonisierung aller Elemente unseres Wesens. Mit dem Glück ist es nicht anders. Was die Menschen als Glück betrachten, besteht meistens nur aus kleinen Befriedigungen von kurzer Dauer. Ihr sagt, ihr wäret glücklich, weil ihr angenehme, erholsame Ferien verbracht habt, weil der von euch geliebte Mensch eure Liebe erwidert, oder weil eure Intelligenz oder eure Fachkenntnisse anerkannt worden sind... Daß man gesund ist, sich geliebt fühlt, wegen seiner Fähigkeiten anerkannt wird, ist natürlich wichtig, das ist nicht zu leugnen, es reicht aber nicht aus, um sich wirklich glücklich zu fühlen. Denn das wahre Glück geht weit über den physischen Körper, über Herz und Intellekt hinaus. Auch glaubt man leicht, ein Haus, ein Ehepartner, Ruhm, Wissen oder Schönheit usw. könnten Glück mit sich bringen. Nein! Seit Jahrtausenden hat die Weltgeschichte bewiesen, daß das Glück nicht auf dieser Ebene ist - oder nur für kurze Zeit. Man verschafft sich dieses oder jenes und bleibt doch weiterhin enttäuscht; innerlich klafft die Leere wie ein Abgrund, bereit, alles zu verschlingen.

Wenn das Glück so schwer zu erreichen und zu bewahren ist, dann deshalb weil man es auf einer sehr hohen Ebene suchen muß, dort wo die Materialien beständig sind, und das erfordert von dem Menschen außergewöhnliche Eigenschaften und vor allem

Lauterkeit, denn nur das, was geläutert ist, vermag beständig zu sein. Diese Region existiert nicht nur im Weltraum, sondern auch in uns selbst, und alle, die sie entdeckt haben, bemühen sich, auf angemessene Weise zu denken, zu lieben, zu handeln und zu arbeiten, um in dieser Region des ewigen Friedens leben zu dürfen. Was auch geschehen mag, wie die Lebensverhältnisse auch seien, sie sind glücklich, denn sie haben beständige, zeitlose, unwandelbare Elemente gefunden.

Das wahre Glück wie auch der Friede, ist also ein Zustand, der sich durch Beständigkeit auszeichnet. Ihr wendet ein: „Aber das Leben ist nichts anderes als eine Folge von Veränderungen, Erfolg und Mißerfolg, Reichtum und Armut, Friede und Krieg, Gesundheit und Krankheit usw. Der Mensch hat keine andere Wahl, als sich in jene Veränderungen zu fügen!“ Nein, da täuscht ihr euch! Ein Krieg mag ausbrechen, ihr könnt erkranken, euer ganzes Vermögen verlieren, von eurem Partner, euren Kindern oder Freunden verlassen werden, ohne daß ihr euch deswegen unglücklich fühlt. Warum? Weil euer Bewußtsein nicht auf der Ebene der Ereignisse stehenbleibt; ihr habt für jede Schwierigkeit, für jede Prüfung eine beruhigende Erklärung, eine tröstende Wahrheit parat, weil ihr euch hoch genug hinaufgeschwungen habt und wißt, wie die Dinge zu betrachten sind. Man kann euch berauben oder verfolgen, nichts kann euch etwas anhaben, denn ihr wißt, daß das alles nur vorübergehend ist, ihr seid unsterblich, und da, wo alle jammern, lächelt ihr nur.

Das Glück ist dem Menschen vom Schöpfer mitgegeben. Ihr seid euch dessen nicht bewußt, weil ihr an der Oberfläche, an der Peripherie eures Wesens verweilt, wo es nur Täuschungen und Veränderungen gibt. Kaum habt ihr es fertiggebracht, einige Partikeln von Freude anzusammeln, da werden sie schon durch viel Leid und Kummer ersetzt, als wollte das Schicksal euch dafür bestrafen, daß ihr dieses Glück irgendwo gestohlen habt.

Aus diesem Grunde sollt ihr euch bemühen, in euch selbst einzudringen, und versuchen, in der Tiefe eures Wesens das Unwandelbare, das Ewige, den Geist, Gott selbst, zu suchen. Erst dann werdet ihr das Glück finden. Habt ihr es einmal gefunden, so klammert euch fest daran, und niemand wird euch mehr unglücklich machen können. Wie eure Lage auch sein mag, ob ihr reich oder arm seid, berühmt oder verschmäht, geliebt oder gehaßt, ihr steht über allen Veränderungen, ihr schwebt, ihr lebt in der Ewigkeit.

Vielleicht ist diese Sprache nicht jedem verständlich. Was soll man da machen? Ein Geck sagt zu einem jungen Mädchen: „Mein Schatz, ich werde Dich glücklich machen!“ Dabei weiß er nicht einmal, was Glück ist, und er selbst, der keineswegs glücklich ist, möchte sie glücklich machen! Oder umgekehrt, das Mädchen will den jungen Mann glücklich machen. Aber wie wollen sie das erreichen? Mit ihren Mängeln, ihrer Nervosität, ihrem Zorn und Neid wollen sie miteinander glücklich sein... und viele Kinder haben, wie im Märchen! Wer's glaubt! An so einem Glück zweifle ich sehr. Selbstverständlich werden sie ein paar angenehme Augenblicke genießen, wie die Gefangenen, die jeden Tag einige Minuten nach frischer Luft schnappen dürfen, bevor sie von neuem eingesperrt werden, oder wie Zahnschmerzen, die eine Weile aufhören und dann wieder anfangen!

Um wirklich glücklich zu sein, müßt ihr einen festen Punkt suchen und euch daran klammern, damit das erlangte Gleichgewicht - in der Physik stabiles Gleichgewicht genannt - unerschütterlich weiterbesteht. Schaut euch ein Pendel an! Es schlägt nach rechts und nach links aus, kommt aber immer wieder in die Gleichgewichtslage zurück, weil es an einem Fixpunkt befestigt ist. Genauso muß jeder Mensch diesen Punkt in sich selbst finden und nicht davon ablassen. Erst dann vermag er wie der Eingeweihte im alten Ägypten zu sagen: „Ich bin standhaft, Sohn des Standhaften, erzeugt und geboren im Reich der Standhaftigkeit."

Solange ihr schwankt, zögert und unbeständig bleibt, ist es sinnlos, von Glück zu reden. Glück gehört zu den Sphären der Unendlichkeit, der Ewigkeit, also zu den Sphären der Seele und des Geistes. Ja, Unendlichkeit und Ewigkeit sind zwei noch unerforschte Bereiche; für Seele und Geist ist es ein Bedürfnis, mit ihnen ständig verbunden zu sein, denn nur dort finden sie Nahrung und Kleidung, nur dort fühlen sie sich beglückt und frei. Jetzt wird euch klar, warum das Glück eine Disziplin von euch fordert, die euch die Möglichkeit gibt, euer Verständnis, eure Liebe bis zu den Regionen der Seele und des Geistes emporzuheben. Dann könnt ihr Frieden und Glück aus diesem unbegrenzten Ozean schöpfen. Denn der Friede, wie auch das Glück sind die Folgen eines vollkommenen Austausches mit den Prinzipien, mit den Wesenheiten und allen Seinsformen aus dem Bereich der Seele und des Geistes.

Dort oben sind Friede und Glück eins, sie können überhaupt nicht getrennt existieren. Lebt jemand nicht in Frieden, so kann er nicht vollkommen glücklich sein. Friede und Glück stellen dieselbe Realität dar, aber in unterschiedlichen Formen. Der Friede bringt euch mit der ganzen Schöpfung in Einklang, und ist er einmal euer eigen geworden, dann könnt ihr nicht unglücklich sein. Die Energien und Kräfte des Universums durchdringen euch, und euch fehlt nichts mehr.

Ihr werdet nie verstehen, was Glück eigentlich ist, wenn ihr euch damit zufriedengebt, es nur als eine angenehme Empfindung zu betrachten, so wie es sich die meisten Menschen vorstellen. Das wahre Glück ist zwar eine angenehme Empfindung, aber es ist auch Licht und Kraft. Wenn ihr euch z.B. glücklich fühlt, so kurz dieser Augenblick auch sein mag, lebt ihr in Frieden und versteht allmählich jedes Ereignis eures Lebens, alles wird einfach und klar, und eure Unternehmungen werden von Erfolg gekrönt. Verliert ihr diesen Zustand, so tauchen Verwirrung, Kummer oder Entmutigung auf, alles wird finster in eurem Kopf, und ihr macht nur Dummheiten.

Glück ist nichts weiter als ein Bewußtseinszustand, eine besondere Art, die Dinge zu erfassen und zu empfinden, nichts anderes als ein bestimmtes Verhalten, eine besondere Einstellung dem Leben gegenüber. Aus diesem Grunde wird das Glück nur denen zuteil, die verstehen, es durch spirituelle Arbeit zu finden. Glück wie auch Friede ist eine Synthese; wenn jemand die Dinge richtig erfaßt und empfindet, kann er auch richtig handeln und folglich glücklich sein. Aber um dahin zu gelangen, ist das Studium der Einweihungslehre unerläßlich, denn sie allein lehrt uns, Intellekt, Herz und Willen zu erziehen - d.h. über unsere niedere Natur, die Personalität, Herr zu sein -, um der höheren Natur, der Individualität, die besten Voraussetzungen zur Entfaltung zu geben.

Der Sieg über die niedere Natur reicht aber nicht aus, um glücklich zu sein. Natürlich ist er notwendig, er genügt aber nicht, man muß darüberhinaus mit seiner höheren Natur verschmelzen. Auch wenn ihr ab und zu Egoismus, Sinnlichkeit, Neid und Zorn überwindet, wird euch das Glück nicht unbedingt zuteil. Derartige Erfolge stellen lediglich erforderliche Etappen zum Ziel dar, das Glück aber können sie euch nicht geben, denn es liegt außerhalb der Reichweite des Negativen. Auch wenn es euch eines Tages gelingt, die Personalität zu beherrschen, müßt ihr immer auf der Hut sein, denn sie kann euch womöglich am nächsten Tag sehr üble Streiche spielen.

Der Sieg über die Personalität ist immer zweifelhaft. Es ist wie mit einem Land, das einen Nachbarn besiegt hat; man ist nie sicher, daß der Friede andauert. Denn eines Tages, während sich der Sieger auf seinen Lorbeeren ausruht, versucht das besiegte Land, sich zu rächen. Mit der niederen Natur, der Personalität, ist es nicht anders; auch wenn es euch ab und zu gelungen ist, unter einigen Umständen über manche ihrer Manifestationen Herr zu werden, könnt ihr niemals mit einem endgültigen Sieg rechnen; immer wieder kann sich die niedere Natur aufrichten, sich sträuben, und dann liegt ihr am Boden.

Wie kann man sich da helfen? Fleht eure göttliche Natur - das Christusprinzip - an, sich in euch niederzulassen. So gewinnt ihr einen mächtigen, allwissenden und zuverlässigen Partner, statt ewig als Sieger aufzutreten, der sich seines Sieges nicht sicher sein kann. Fühlt ihr euch zuweilen etwas müde und geistig träge, so hört dieser Partner nicht auf, eure niedere Natur in Schach zu halten. Wie viele

Menschen schienen gewisse Schwächen und Laster überwunden zu haben, und kurz darauf verfielen sie von neuem diesen Lastern, wenn nicht noch schlimmer als zuvor! Die einzige Lösung ist also, das Terrain vorzubereiten, indem ihr auf mehreren Gebieten Siege über die niedere Natur erringt, aber auch zugleich den Himmel - die höhere Natur - inständig zu bitten, sich in euch niederzulassen und zu offenbaren.

Ist das wirklich einmal geschehen, dann wird euch ein unbeschreibliches Glück zuteil. Ohne daß ihr wißt warum, fühlt ihr euch glücklich. Dieses Glück - und das ist eben das Erstaunliche dabei - ist ein Glück ohne Grund. Leben, Atmen, Essen und Sprechen kommen euch wie ein Wunder vor... Und doch ist nichts geschehen, ihr habt weder ein Geschenk bekommen noch eine Erbschaft angetreten, noch eine besondere Begegnung gemacht; ihr fühlt euch einfach glücklich, weil euch etwas vergönnt wird, etwas, das von oben kommt und nicht von euch selbst abhängt... Es ist wie eine Quelle, die vom Himmel herabsprudelt. Voll Verwunderung entdeckt ihr unablässig in euch diesen wunderbaren Bewußtseinszustand. Ihr spürt eine große Freude, ohne zu wissen warum. Das ist das wahre Glück.

Das wahre Glück ist wie die Luft, die ihr einatmet; habt ihr selbst dafür zu sorgen? Nein, die Luft kommt zu euch, sie ist da; ihr seid von ihr umgeben und atmet, ohne daran zu denken. Das übrige - Wasser, Nahrung, Geld - muß man oft herbeischaffen, nicht aber die Luft noch das Licht. Ihr hört nicht auf zu atmen, und das ist die größte Freude, die es überhaupt gibt. Wenn ihr mir nicht glaubt, haltet einen Augenblick den Atem an, und ihr werdet schon verstehen... Ja, das Glück ist vergleichbar mit der Luft, die wir einatmen.

Einatmen, ausatmen... einatmen, ausatmen... Das Glück ist die Atmung der Seele... Von diesem Blickpunkt aus hat sie noch keiner erforscht. Will man alles andere - Freude, Vergnügen usw. - genießen, so muß man es stückweise herbeiholen oder kaufen, die Luft aber braucht man nicht zu holen, man atmet sie unentwegt ein und aus, sogar beim Schlafen. Man könnte meinen, die Atmung sei dem Menschen gegeben worden, um ihm zu zeigen, daß alles Greifbare - wie Geld, Besitztümer usw. - nicht verglichen werden kann mit dem, was feinstofflich, nicht greifbar und nicht sichtbar ist, also mit der ätherischen Welt, in die der Mensch eingetaucht ist. All diejenigen, die ganz bewußt mit der ätherischen, mit der spirituellen Welt eng verbunden sind, atmen unentwegt ein und aus; und wegen dieser Atmung sind sie glücklich.

# VIII

# SEID „LEBENDIG“, UM GLÜCKLICH ZU SEIN!

Um glücklich zu sein, muß man lebendig sein. Ihr wendet ein: „Wir sind doch am Leben!“ Ja natürlich, Pflanzen und Tiere sind auch am Leben, und angenommen, sie sind auf ihre Art glücklich, glaubt ihr denn, ein solches Glück würde euch genügen? Für den Menschen steckt das Leben, das wahre Leben, anderswo. Also wo?

Heutzutage wird intellektuellen Aktivitäten und technischen Werken eine übermäßige Bedeutung beigemessen; Bildung, Anhäufung von allerlei Kenntnissen und die sich aus dem technischen Fortschritt ergebenden Vorteile, all das wird als Ideal hingestellt. Daß der Mensch immer mehr Kenntnisse ansammelt, immer mehr oder immer leistungsfähigere Apparate benutzt, bedeutet keineswegs, daß er das wahre Leben kennt. Durch ein solches Verhalten stört er die natürliche Ordnung der Dinge, und die Natur wehrt sich dagegen.

Übrigens, was sagen die Jugendlichen? Sie wollen „leben“. Ja, aber da das Lebensideal der Erwachsenen sie nicht anspricht und sie niemanden finden, der sie das wahre Leben lehren könnte, suchen sie es in gefährlichen Abenteuern, starken Empfindungen, Leidenschaften, Vergnügungen, Alkohol, Rauschgift usw. Einerseits zu viel Intellektualismus, andererseits zu viele Leidenschaften; in beiden Fällen wird das Gleichgewicht gestört. Man muß wissen, daß der Mensch so beschaffen ist, daß er auf verschiedenen Ebenen zugleich lebt, nicht nur auf der physischen, Astral- und Mentalebene, sondern auch auf der Kausal-, Buddhi- und Atmanebene*. Solange er seine Aktivitäten auf die drei ersten Ebenen - die physische, Astral- und Mentalebene - beschränkt, kann er das wahre Leben überhaupt nicht kennenlernen.

Essen und trinken, arbeiten und schlafen, sexuelle Beziehungen unterhalten, empfinden und Wissen ansammeln, das alles ist wichtig, es wird aber niemals alle unsere Bedürfnisse zufriedenstellen. Es ist ein Leben auf Sparflamme, also kein intensives Leben. Ihr wendet ein: „Unsere Zeitgenossen führen doch ein intensives Leben! Schauen Sie sie bloß an, sie hören nicht auf, hin und her zu laufen, zu diskutieren, den Ehepartner, den Geliebten oder die Geliebte zu wechseln.“ Da irrt ihr euch wieder. Intensives Leben darf weder mit Überstürzung noch mit der An-

* Siehe: „Struktureller Aufbau und Schichten der Psyche“ *Reihe Izvor Nr.222*, Kapitel 3: „Mehrere Seelen und mehrere Körper“.

häufung von leidenschaftlichen Abenteuern oder intellektuellen Aktivitäten verwechselt werden.

Um das intensive Leben erreichen zu können, ist es vor allem unerläßlich, eine ungefähre Vorstellung von der menschlichen Struktur zu haben, über die unterschiedlichen Körper und Zentren unterrichtet zu sein, die den Menschen die Möglichkeit geben, mit den verschiedenen Regionen des Universums und deren Bewohner in Verbindung zu treten. Darüber habe ich schon gesprochen und euch Methoden, Übungen und Verhaltensweisen empfohlen, die das Erwachen der feinstofflichen Organe fördern.* Nur derjenige, der es so weit gebracht hat, darf vom wirklichen, intensiven Leben sprechen. Er fühlt sich beglückt, als wäre er selbst eine Quelle, ein Wasserfall oder ein Garten voller Obstbäume, ein Park voller Blumen, und jeder, der sich ihm nähert, empfindet seine Anwesenheit als Segen.

Deswegen sage ich es euch: um das Glück zu erlangen, gibt es kein anderes Geheimnis, als ein intensives spirituelles Leben zu führen. Talismane oder andere magischen Gegenstände, wie Steine, Metalle, Parfüms usw. zu Hilfe zu rufen, nützt überhaupt nichts, denn die einzige wahrhaftige Magie ist das Leben selbst. Wollt ihr wirklich glücklich sein, dann arbeitet an euch selbst, damit euer Leben lauterer,

* Siehe: „Centres et corps subtils“ *Reihe Izvor Nr.219* (in französischer Sprache).

reicher und voller wird. Sobald ihr diese Arbeit an dem physischen, Astral- (Gefühle) und Mentalkörper (Gedanken) in Angriff nehmt, werdet ihr Ergebnisse feststellen; eure Gesundheit bessert sich, in euch und um euch herum werdet ihr Liebe spüren, und jeden Tag erkennt ihr immer klarer den Sinn des Lebens.

Wie soll nun diese Arbeit gemacht werden? Unsere Lehre beschäftigt sich eigentlich nur damit. Seit Jahren habe ich euch so viele Methoden gegeben, so viele, daß ihr sie unmöglich alle anwenden könnt. Einige davon müßt ihr euch wenigstens auswählen und ernsthaft danach arbeiten. Sonst werden Jahre vergehen, und eines Tages packt euch das Leben, um euch zurechtzuweisen, und dann werdet ihr leiden. Glaubt mir, laßt euch nicht in ein mittelmäßiges Leben ein, sonst werdet ihr nicht glücklich sein.

Wollt ihr jetzt eine gleich anwendbare Methode? Hier ist sie. Gewöhnt euch daran, euch zu bedanken, ja, jeden Augenblick zu danken, was auch geschehen mag, selbst inmitten von Schwierigkeiten, Kummer oder Leid. So werden alle durch eure negativen Zustände erzeugten Gifte neutralisiert, alle Wunden geheilt, denn der Dankbarkeit kann nichts widerstehen. Seid also erfüllt von Dank, bis ihr spürt, daß alles, was euch widerfährt, eigentlich zu eurem Wohl geschieht. Von nun an hört nicht auf zu sagen: „Danke, o Herr, danke!“ Dankt für alles, was ihr habt - und für alles, was euch fehlt - für Freude und Leid. So wird die Flamme des Lebens in euch entfacht. Ich sehe wohl die Frage auf euren Lippen auftauchen: „Nur darum geht es?“ Ja, nur darum. Setzt diese Methode in die Tat um, so werdet ihr selbst die Ergebnisse feststellen.

Eine wahre esoterische Lehre bringt die Schüler dazu, den Akzent auf das Leben, ihr eigenes Leben, zu setzen. Dies erscheint euch nicht so wichtig, weil ihr euch nicht einmal bewußt seid, daß ihr dieses unschätzbare Leben zugunsten anderer Dinge von viel geringerer Wichtigkeit opfert. Immer wieder sind eure Gedanken auf Gegenstände, Begebenheiten, verwickelte Angelegenheiten der äußeren Welt gerichtet, und währenddessen läßt das wahre Leben in euch nach. Damit verrechnet ihr euch tüchtig.

Habt ihr je über die Zeit nachgedacht, die ihr der äußeren Welt tatsächlich widmet? Ein paar Minuten, einige Stunden... Mit euch selbst verbringt ihr hingegen den ganzen Tag, die ganze Nacht. Leuchtet es euch nicht ein, daß das Wichtigste eben euer Innenleben ist? In euch muß Fülle, Reichtum, Ordnung herrschen... Die äußere Welt wird mit Gegenständen, Produkten, Apparaten, Gebäuden und Waffen aller Art überfüllt, während im Menschen selbst Chaos, Elend, Schwäche, Leere wachsen und wachsen. Jetzt ist es Zeit, daß sie endlich daran denken, im Inneren das zu verwirklichen, was sie sich gegenwärtig bemühen, äußerlich zu realisieren: Reichtum, Schönheit und Kraft. Nichts und niemand wird uns je das Erworbene entreißen können, nicht einmal das Alter.

Ja, die meisten Menschen gehen von der Überzeugung aus, sie müßten in einem gewissen Alter unweigerlich ihre Fähigkeiten verlieren und dem Verfall ausgesetzt sein. Eine solche Überzeugung ist die beste Voraussetzung für ihre Verwirklichung! In Wirklichkeit ist für die Schüler der Einweihungswissenschaft das Alter der beste Zeitabschnitt ihres Lebens. Nach langen Jahren der Forschung und Erfahrung haben sie Klarheit, Friede, Heiterkeit und Güte erworben; alle kommen zu ihnen, um von ihnen unterwiesen zu werden. Auch die Kinder fühlen sich von ihnen angezogen und lieben sie. Wenn sich aber in der Welt die entgegengesetzte Meinung verbreitet hat, dann weil das Alter für manche aufgrund ihrer Lebensführung tatsächlich ein sehr negativer Lebensabschnitt ist. Sie haben ihre Energien in mittelmäßigen, nutzlosen und unsinnigen Aktivitäten vergeudet; was können sie dann vom Alter erwarten, wenn ihnen fast nichts mehr übrigbleibt, wenn sie schwach, krank und leer sind?

Auch wenn man ein vernünftiges Leben führt, wird natürlich das Alter doch einmal kommen, und auch die Zeit der Krankheit kann kommen. Wer aber an sich gearbeitet hat, wird mit mehr Mut und Ausgeglichenheit durch diesen Lebensabschnitt gehen, und er wird spirituelle Schätze ansammeln. Ja, wenn ihr eure Kräfte für das Licht einsetzt, für ein hohes Ideal, dann werdet ihr lebhafter und ausdrucksvoller, je älter ihr werdet. Ihr erreicht sogar eine Intensität des Lebens und der Ausdrucksfähigkeit wie nicht einmal in euren jungen Jahren. Zwar werdet ihr etwas gebückter gehen, ein paar Runzeln haben und mehr graue Haare bekommen, achtet aber nicht darauf, laßt den Körper ruhig älter werden und seid überzeugt, daß sich die Seele durch den Körper noch mit erstaunlicher Jugendlichkeit ausdrücken kann. Warum sollte man diese verhängnisvolle Auffassung annehmen, die über das Alter überall verbreitet worden ist.

Man sagt zu den Jugendlichen: „Ihr werdet nicht immer jung bleiben, nützt die Zeit der Jugend aus!“ Es stimmt schon, aber unter welchen Bedingungen? Eben wenn man solchen schlechten Ratschlägen folgt und sich in allerlei Vergnügungen stürzt. So verwelkt man schnell. Wer einmal nicht mehr so attraktiv und voller Leben ist, wird abgelehnt, das ist normal. Es sind Tatsachen, und die Menschen ziehen Folgerungen daraus. Wenn die Situation aber so ist, so kommt es daher, daß man zuvor weder richtig beobachtete noch überlegte. Das, was im Augenblick stimmt - daß man beim Älterwerden oft seine Kräfte und seinen Charme verliert -, mag sehr wohl in der Zukunft nicht mehr gelten. Das muß allerdings erklärt werden. Man muß aufhören, der Jugend schlechte Ratschläge zu geben, unter dem Vorwand, man tue es nur für ihr Glück!

Eines sollt ihr euch merken: für junge wie für alte Menschen besteht das Glück darin, ihr Leben einem hohen Ideal zu widmen. Jeden Tag sieht man, wie viele Menschen ihre Energien in der Unterstützung allerlei wertloser Angelegenheiten vergeuden, die sie übrigens bald aufgeben, um sich anderen Dingen zuzuwenden. Aber sehr wenige setzen ihre Kräfte für die erhabene Idee von der Verwirklichung des Reiches Gottes und seiner Gerechtigkeit ein. Ihr werdet sagen: „Das Reich Gottes? Das ist eine Utopie, die sich niemals verwirklichen läßt." Das geht uns nichts an. Unsere Aufgabe ist es, an seiner Verwirklichung mitzuwirken, denn das ist das einzige Ideal, das es verdient, daß man ihm sein Leben widmet. Ob diese Verwirklichung zustande kommt? Nach unserer Meinung wird sowieso nicht gefragt. Eines ist aber sicher, wenn sich keiner rührt, weil er von vornherein von der Nutzlosigkeit jeder Anstrengung überzeugt ist, wird sich dieses Ideal selbstverständlich niemals verwirklichen.

# IX

# ERHEBT EUCH ÜBER DIE LEBENSBEDINGUNGEN!

# I

Sobald etwas nicht in Ordnung ist, neigt man dazu, die schlechten äußeren Umstände dafür verantwortlich zu machen. Eines müßt ihr wissen: solange ihr glaubt, Glück oder Unglück hänge von den äußeren Umständen ab, seid ihr vor nichts sicher. Denn das Leben ist so beschaffen, daß es nichts Sicheres und nichts Endgültiges gibt. Arbeitet ihr nicht mit dem Intellekt und dem Willen, so werdet ihr ständig hin- und her gerissen - glücklich, wenn die Verhältnisse euch hold sind, und unglücklich, wenn ihr auf Hindernisse und Schwierigkeiten stoßt. Was wollt ihr so erreichen?

Man muß ein für allemal verstehen, daß die äußeren Verhältnisse niemals ausschlaggebend sind. Auf dem gleichen Boden können sowohl Feigen wie Disteln wachsen. In einer Familie können Kinder, die denselben Vater und dieselbe Mutter haben und dieselbe Erziehung erhalten, große physische, intellektuelle und seelische Unterschiede aufweisen. Und bei kollektiven Ereignissen stellt man fest, daß dieselben Prüfungen nicht alle Menschen auf die gleiche Weise berühren. Weshalb? Weil sie den Prüfungen nicht mit dem gleichen Bewußtseinszustand begegnen. Während die einen, die kein richtiges Verständnis der Dinge haben, allmählich verbittert und rachsüchtig werden, sich niederdrücken lassen und so ihrer Umgebung das Leben vergällen, werden andere durch dieselben Prüfungen stärker und reicher. Dank ihrer Erfahrungen werden sie fähig, allen um sich herum zu helfen mit ihren Ratschlägen, ihrem Verhalten, ihrer Ausstrahlung und mit der von ihnen ausgehenden Kraft.

Das ist ein schlagender Beweis, daß die Verhältnisse nicht alles bedingen. Sie können selbstverständlich nicht völlig ignoriert oder vernachlässigt werden. Will man aber vorwärtskommen, so muß man einsehen, daß viele Dinge im Leben ausschließlich von uns selbst, von unserer Auffassung abhängen und daß Glück und Unglück an sich höchst relative Zustände sind. Das war auch die Philosophie von Nastradin Hodscha. Wollt ihr ein Beispiel dafür?

Eines Tages kam eine alte Frau zu Nastradin Hodscha: „Ach, Nastradin Hodscha, wenn Du nur wüßtest, in welcher Lage wir sind! Die ganze Familie wohnt in einer kleinen Hütte, und wir sind alle darin zusammengedrängt, mein Mann, mein Sohn mit Frau und Kindern und ich. Es ist schrecklich, so kann es wirklich nicht weitergehen!" - „Ja, das kann ich verstehen", sagte Nastradin Hodscha, „aber dem kann abgeholfen werden." - „Wie denn?" - „Ich werde es Dir sagen; zuerst mußt Du mir aber versprechen, alles anstandslos zu tun, was ich von Dir verlange." - „Einverstanden." - „Also gut! Jeden Tag kommst Du zu mir und berichtest über alles. Habt ihr einen Hund?" - „Ja." - „Und eine Katze?" - „Ja." - „Also bringe sie beide in die Hütte hinein." - „Aber, Nastradin Hodscha, was verlangst Du da von mir?" - „Du hast versprochen, alles zu tun, was ich von Dir verlange, nicht wahr?" Die Frau ging also weg und ließ Hund und Katze ins Haus hinein. Am nächsten Tag berichtete sie: „Das ist ja grauenhaft, der Hund und die Katze haben sich ständig gezankt; wir haben keine Minute Ruhe gehabt." - „Gut! Habt ihr eine Ziege?" - „Ja." - „Nimm auch sie mit in die Hütte." Am nächsten Tag kam sie wieder: „Ach! Nastradin Hodscha. Die Ziege konnte überhaupt nicht ruhig bleiben; sie hat alles umgestoßen, die ganze Nacht haben wir kein Auge zugemacht. Was wird denn aus uns werden?" - „Mach Dir keine Sorgen, es ist alles ausgezeichnet." „Habt ihr Hühner?" - „Ja." - „Laß auch sie hinein." Ich brauche euch nicht zu schildern, in welchem Zustand die Frau am folgenden Tag war. „Habt ihr ein Schwein?" - „Ja", antwortete sie, aber sie war am Ende. - „Gut nimm es auch mit ins Haus!" Sie hätte sich gerne widersetzt, wagte es aber nicht, denn sie wollte ihr Versprechen halten. Am Morgen darauf kam sie mit Tränen in den Augen und schluchzte verzweifelt: „Nastradin Hodscha, Du hattest mir doch Hilfe versprochen, aber es wird immer schlimmer. Bald werden wir alle verrückt, unser Leben ist zur Hölle geworden!“ - „Gut“, sprach Nastradin Hodscha mit ernstem Gesicht, indem er an seinem Bart zupfte, „ich will alles wiedergutmachen. Laß das Schwein heraus und komme morgen wieder zu mir!“ Am nächsten Tag gestand sie mit einem Lächeln: „Ach, es geht schon besser, wir fangen wieder an zu atmen.“ - „Jetzt laß die Hühner hinaus...“ So verließen die Tiere nach und nach die Hütte. Als sie alle draußen waren, fragte Nastradin Hodscha: „Also wie geht es jetzt?“- „Ach, es ist wirklich herrlich, wir fühlen uns wie im Paradies - alle singen und umarmen sich!“ - „Na, siehst Du!... Du bist genau am selben Punkt angelangt wie am ersten Tag, als Du Dich bei mir beklagtest, das Leben sei unerträglich geworden. Warum hast Du denn eigentlich geklagt?“

Manche werden einwenden: „Das ist eine blöde Geschichte!“ Übertrieben schon, das gebe ich zu; etwas ist aber daran wahr: sich wohl oder schlecht, glücklich oder unglücklich fühlen, ist eine sehr relative Angelegenheit. Ihr steht müßig und etwas traurig da, das Leben kommt euch fade, ohne Würze vor... Plötzlich bekommt ihr eine schlechte Nachricht: jemand aus eurer Familie ist bei einem Unfall schwer verletzt worden. Ihr seid wirklich tief betroffen. Einige Stunden später hört ihr, es handle sich um einen Irrtum, eine Verwechslung. Welche Freude bricht da auf einmal aus! Das Leben erscheint euch wieder leicht, schön und voller Möglichkeiten! Warum erschien es euch aber nicht vorher so? Warum mußte euch erst die angekündigte Katastrophe klarmachen, daß ihr vorher glücklich wart?

Ich werde nicht behaupten, man solle unbedingt zu sechs oder sieben in einer Hütte glücklich sein, das ist klar. Mit einer bewährten Lebensphilosophie und einem guten gesunden Menschenverstand kann jedoch jeder viel zu seinem inneren Wohlbefinden beitragen, denn Gedanken wirken sich auf den Bewußtseinszustand aus. Vergeßt es nie, Gedanken und Gefühle üben auf das Bewußtsein eine starke Wirkung aus. Beobachtet euch! Wenn ihr im Leben unzufrieden seid und leidet, wird diesem Zustand selten durch materielle Veränderungen abgeholfen; an euren Gedanken und Gefühlen müßt ihr also etwas ändern. Leidet ihr in eurem physischen Körper, dann braucht ihr natürlich physische Heilmittel. Bei einer Verletzung oder einem Beinbruch werden selbst die besten Gedanken und Gefühle nicht helfen und auch nicht den Schmerz lindern, denn bevor sie die Materie erreichen und Besserung bewirken können, braucht es Zeit, aber sie können euch helfen, das Leiden besser zu ertragen. Denn Gedanken und Gefühle wirken doch auf den physischen Körper ein. Harmonische Gedanken und Gefühle wirken sich auf den

Kreislauf aus und reinigen das Blut. Und wenn das Blut rein ist, trägt es wirksamer zur Gesundung des Organismus bei. Selbst Wunden schließen sich rascher.

Solange ihr nicht genug an euch gearbeitet habt, werdet ihr - selbst wenn es euch gelungen ist, eure materielle Lage zu verbessern - nach kurzer Befriedigung wieder in denselben Zustand von Unzufriedenheit, Verbitterung und Auflehnung geraten. Psychischen Mängeln kann man nicht mit physischen Mitteln abhelfen. Selbst wenn man auf der physischen Ebene alles mögliche bis ins Endlose ansammelt: Medikamente, Vermögen, Macht usw., wird man trotzdem nie wirklich zufrieden sein, wenn man nicht im richtigen Gemütszustand ist. In der Seele, in den Gedanken, in der Weltanschauung, in der Auffassung, in den Überlegungen muß eine Wandlung eintreten, sonst wird aus allem, was ihr anhäuft, lediglich Überdruß und Abscheu entstehen. Es gibt Männer und Frauen, die Selbstmord verübt haben, obwohl sie - wie es heißt -„alles hatten, um glücklich zu sein“: Jugend, Schönheit, Intelligenz, Vermögen, eine Familie und Freunde, die ihnen zugetan waren... Sie hatten alles, aber ihnen fehlte das Wesentliche, die Lust zum Leben, und das eben konnte ihnen alles, was sie besaßen, nicht verschaffen.

Im Kopf muß etwas geändert werden, innerlich muß man versuchen, glücklich zu werden. Denn wenn man gelernt hat, glücklich zu sein, wird man unter allen Umständen glücklich sein. Ja, sogar unter den schlimmsten Bedingungen kann man sich mit den himmlischen Wesenheiten verbinden, sich mit Licht erfüllt und glücklich fühlen. Liegt die Quelle eures Glückes in euch, dann kann es euch nichts und niemand nehmen. Wenn ihr einmal die Dinge auf diese Weise betrachtet, dann könnt ihr diesen Zeitpunkt als den Beginn eurer Befreiung, eurer Unsterblichkeit, eurer Ewigkeit betrachten. Materielle Bedürfnisse hat man natürlich immer noch, sie sind aber geringer, als man glaubt. Wenn euch das Schicksal gewissen Entbehrungen unterwirft, sagt euch, daß es eine günstige Gelegenheit ist, in der Seele und im Geist nach anderen Auswegen zu suchen.

Wenn der äußere Weg versperrt, blockiert ist, wendet euch nach innen... oder nach oben hin - was eigentlich dasselbe ist. Es gibt immer einen Ausweg. Zuweilen fühlt ihr euch entmutigt, niedergeschlagen, erschöpft; der Gedanke an Selbstmord geht euch sogar durch den Kopf... Ja, solche Dinge können passieren. Ich sage nicht, man hätte täglich einen Grund, erfreut und glücklich zu sein; ich sage nur, daß man stets etwas tun kann, auch in schwierigen Situationen. Selbst in tiefster Verzweiflung soll jeder wissen, daß diese Entmutigung die Elemente enthält, aus denen er wieder Mut schöpfen könnte, wenn er gelernt hätte, sie zu erfassen und zu gebrauchen. Denn in der Entmutigung wohnen ungeheure Kräfte. Wollt ihr einen Beweis dafür? Allein die Tatsache, daß die Entmutigung fähig ist, ein ganzes Reich zu zerstören - nämlich euch selbst mit allen Schätzen und Möglichkeiten, die in eurem Körper, eurem Herzen, eurem Intellekt, eurer Seele, eurem Geist angehäuft sind - ist wohl ein Beweis ihrer großen Macht. Warum also nicht versuchen, euch dieser Macht zu bedienen und ihr eine positive Orientierung zu geben?

Der Mensch ist sich nicht aller Möglichkeiten bewußt, die er in sich birgt. Auch wenn er glaubt, völlig erschöpft und am Ende zu sein, verfügt er noch über Reserven. Er gleicht einer Rakete mit mehreren Stufen; wenn der Treibstoff der ersten Stufe beinahe aus ist, zündet ein Funke die zweite Stufe, und so kann die Rakete ihren Flug fortsetzen. Genauso verhält es sich mit der zweiten, dritten, vierten Stufe... Wenn ein Mensch stirbt, dann nicht unbedingt deswegen, weil er am Ende seiner Reserven ist, sondern oft weil es ihm nicht gelungen ist, die nächste Stufe anzuzünden. Hätte er es fertiggebracht, dann hätte er erkannt, daß er über weitere Reserven verfügte. Wir ahnen bei weitem nicht das Ausmaß der Reserven, die Gott in uns legte.

Also versteht mich recht! Wenn euch der äußere Weg versperrt vorkommt, wendet euch nach innen hin und arbeitet mit eurem Denkvermögen, eurer Vorstellungskraft, eurem Willen, und allmählich spürt ihr, wie sich der Horizont auf ungeahnte Weise erweitert. Wenn ihr euch bemüht, die Sprache des Schicksals zu begreifen, werdet ihr euch immer beglückt fühlen und den Himmel segnen, weil er euch dazu bringt, geheimnisvollere und reichere Regionen zu erforschen.

Fragt einmal einen erfolgreichen Geschäftsmann, glaubt ihr denn, er wird euch sagen, er sei glücklich? Das ist gar nicht so sicher! Er wird sich vielmehr beklagen, er sei überarbeitet, seine Frau nütze seine Abwesenheit aus, um ihn zu betrügen, sein Sohn sei unfähig und seine Angestellten faul, seine Aktien an der Börse seien gefallen, seine Konkurrenten hätten seinen Ruin im Auge usw. Ihr hört ihm zu, und nach kurzer Zeit fühlt ihr euch genauso niedergeschlagen wie er. Trotz all seiner Reichtümer wird er nie imstande sein, euch spüren zu lassen, wie schön das Leben ist. Denn er lebt in ständiger Angst, dieses oder jenes zu verlieren... Ihr seht es also: nicht nur, daß er euch nichts gibt - weil er selbst fürchtet, seinen ganzen Besitz zu verlieren -, sondern er stört euren Frieden und nimmt euch die Lebensfreude weg. Ein Mensch hingegen, der gearbeitet hat, um sich spirituelle Schätze anzueignen, wird immer bereit sein, sie mit euch zu teilen. In welchen Verhältnissen ihr euch auch befinden mögt, ihr werdet durch ihn die besten Methoden, die besten Mittel und Wege zur Verfügung haben, um ausgeglichen zu sein und den Sinn des Lebens zu erkennen.

Ihr werdet fragen: „Ist es jetzt aber nicht schon zu spät, um mit dieser inneren Arbeit anzufangen?“ Nein, zu spät ist es nie. Je später ihr damit beginnt, desto schwerer wird es natürlich sein, der alten Gewohnheiten wegen. Gewohnheiten gleichen erstarrten Formen, die ins Feuer getaucht werden müssen, damit sie biegsamer werden, um sie neu zu gestalten, so wie man es mit Metallen macht. Dieses Feuer sind die Prüfungen, die euch die unsichtbare Welt schickt, um euch eine neue Form und eurer Existenz eine neue Orientierung zu geben. Wenn ihr aber nur jammert und euch auflehnt, dann hindert ihr den Himmel daran, euch die gewünschte Form zu geben. In diesem Falle braucht ihr euch nicht wundern, wenn euer Leid kein Ende nimmt.

## II

Man soll nicht in jedem Fall versuchen, die Dinge auf der physischen Ebene in Ordnung zu bringen, denn die physische Ebene ist die Welt der Konsequenzen, und auf diese einzuwirken haben wir nur wenige Möglichkeiten. Um dauerhafte Änderungen herbeizuführen, muß man sich bis zur Welt der Ursachen erheben. Dem Menschen, dessen Gedanken bis auf diese Ebene gelangen, stehen alle Mittel und Wege zur Verfügung, um auf geläuterte, lichtvolle Kräfte einzuwirken und sie auszulösen. Die Ergebnisse werden sich früher oder später schon zeigen. Solange ihr euch lediglich darauf beschränkt, auf die physische Ebene einzuwirken - um die Lage zu ändern -, werdet ihr nichts in Ordnung bringen können, denn andere Begebenheiten, andere Menschen, die sich nicht um eure Meinung kümmern, werden die Dinge von neuem auf eine andere Weise einrichten, die euch nicht paßt. So werdet ihr die Situation nie beherrschen. An den Konsequenzen zu arbeiten, um eine Wandlung zu bewirken, ist so wie am Strand ein Wort in den Sand zu schreiben: es wird bald von den Wellen verwischt... Deshalb muß man auf die Ursachen einwirken.

Die äußeren Lebensbedingungen kann man unmöglich von unten her in Ordnung bringen, der Antrieb muß von oben kommen. Wer dieses Gesetz nicht kennt, versucht immer wieder, auf der physischen Ebene einzugreifen, um die Dinge zu ändern, umzustellen, sie wieder aufzubauen oder zu zerstören. Die Geschichte lehrt uns aber, daß solche Eingriffe nicht dauerhaft sind; einige Zeit danach kommt plötzlich eine Welle, die all diese Entscheidungen wegspült.

Einige Staatsoberhäupter haben sich fremder Gebiete bemächtigen wollen und zu diesem Zweck die Bewohner deportiert oder umgebracht, sich ihres Vermögens bemächtigt usw. Und das ist ihnen auch gelungen, aber nach ein paar Jahren trat eine Änderung der Lage ein; die besetzten Länder rebellierten, und die Eroberer wurden besiegt, so daß sie oder ihre Nachfolger dann vor unlösbaren Problemen standen. Wie oft ist es im Laufe der Geschichte geschehen, daß Tyrannen nach kurzem Triumph ihrem Land ein katastrophales Erbe hinterließen!

Nur das, was oben in der Welt des Geistes erschaffen wird, ist von ewiger Dauer; alles übrige ist vergänglich. Deshalb ist allein das Gute ewig, während das Böse nur von kurzer Dauer ist. In Bulgarien heißt es: *„Krivdina do pladnina, dobrina do veknina"*, mit anderen Worten: „Das Böse dauert bis morgen mittag, das Gute hingegen bis in alle Ewigkeit."

Wenn man also wünscht, eine Situation endgültig zu verbessern, muß man sich sehr hoch bis zum Bereich des Geistes erheben und dort arbeiten, beten, Bitten aussprechen und Bilder gestalten, die sich eines Tages auf der physischen Ebene konkretisieren werden. Versteht man es, lichtvolle Kräfte auszulösen, so werden eines Tages alle Hindernisse verschwinden, und eine neue Ordnung voller Frieden und Harmonie wird sich auf der Erde niederlassen.

# X

# ÖFFNET EUCH IMMER MEHR DER GÖTTLICHEN WELT!

Es wird oft gesagt, einfache, primitive, wenig gebildete Leute seien von Natur aus eher glücklich als gebildete Menschen. Wer Intelligenz und Geschmack entwickelt, wird empfindlicher, das stimmt schon, deshalb treffen ihn leichter Veränderungen seiner materiellen oder psychologischen Lebensverhältnisse. Soll man nun daraus folgern, daß man primitiv, ungebildet und wild bleiben muß, um glücklich zu sein? Warum dann also nicht noch weitergehen und sich wie Tiere benehmen? Die Tiere sind glücklich... Es mag wohl sein, daß Pflanzen noch glücklicher sind, weil sie nicht leiden... Und Steine? Sie empfinden nichts, das wäre ja noch besser... Das ist wunderbar logisch gedacht!

Die vier Naturreiche - Steine, Pflanzen, Tiere und Menschen - unterscheiden sich vor allem durch den Grad ihrer Sensibilität, und die Sensibilität steigt mit der Entwicklung. Pflanzen sind empfindlicher als Steine, Tiere empfindlicher als Pflanzen und Menschen empfindlicher als Tiere. Allerdings bricht hier die Entwicklungskette nicht ab; auf höheren Stufen gibt es Engel, Erzengel, göttliche Wesenheiten... Ja, eine Hierarchie von Wesenheiten, deren Sensibilität immer größer wird... bis zu Gott. Der Herr ist allwissend, Er fühlt und sieht alles, Er weiß alles, denn nur Er ist die wahre Empfindsamkeit. Jetzt wird euch die wirkliche Dimension der Sensibilität offenbar. Das einzige wirklich empfindsame Wesen ist der Herr.

Allerdings stimmt es, daß die Verletzbarkeit des Menschen mit seiner Sensibilität steigt, und er leidet mehr. Trotzdem ist es für ihn günstiger, seine Sensibilität zu entfalten, denn sie ist es, die seinen spirituellen Fortschritt fördert.

Um dieses Problem zu beleuchten, muß man die Frage unserer Doppelnatur - der niederen und der höheren - wieder aufgreifen. Solange der Mensch nicht an sich gearbeitet hat, um die egozentrischen Tendenzen seiner niederen Natur zu beherrschen, bleibt die Entwicklung seiner Sensibilität mit allerlei Schwierigkeiten und Leiden verbunden. Und diese Tendenz wird leider durch die Ausbildung in den Schulen und an den Universitäten noch verschärft. Dort wird der Anhäufung von Kenntnissen der Vorzug gegeben, statt der Bildung des Charakters. Unaufhörlich gibt man der Jugend Gelegenheit, immer selbstsüchtiger, wählerischer und anspruchsvoller zu werden. Den Studenten werden keine Anleitungen mitgegeben, damit sie die erworbenen

Kenntnisse zu einem edleren, großzügigeren Zweck gebrauchen. Im Gegenteil, auf jedem Gebiet lernt ein jeder, seine Kenntnisse zum eigenen sozialen Aufstieg, Prestige und Wohlbefinden anzuwenden. Wenn sie dann als Erwachsene Posten mit Verantwortung innehaben, sind sie - einer wie der andere - nur darauf aus, den eigenen Vorteil zu sichern. Daraus entsteht natürlich überall Unzufriedenheit, Ärger, Aggressivität, Streit, denn jeder fühlt sich durch das egozentrische Verhalten der anderen angegriffen und beeinträchtigt.

Diese krankhafte Sensibilität wird von der niederen Natur, der Personalität, unterstützt und macht das Leben zur Hölle, deshalb wurde daraus geschlossen, es wäre besser, nicht sensibel zu sein, um glücklich zu sein.

In Wirklichkeit muß man zwischen der richtigen und der krankhaften Sensibilität klar unterscheiden; letztere würde man besser mit dem Wort „Empfindlichkeit" oder „Gefühlsduselei" bezeichnen. Die wahre Sensibilität ist eine Fähigkeit, die es ermöglicht, sich sehr hoch und sehr weit emporzuheben; sie erschließt uns eine immer subtiler werdende Welt, deren Realitäten wir dann wahrnehmen dürfen. Die Gefühlsduselei hingegen ist eine Ausdrucksform der niederen Natur, die sich für den Nabel der Welt hält. Sie ist immer der Meinung, man nehme zu wenig Rücksicht auf sie, sie fühlt sich um etwas betrogen, beleidigt und wird aggressiv. Hat man diesen

Unterschied zwischen den beiden Naturen erkannt, dann begreift man, daß an der niederen Natur gearbeitet werden muß, um sie zu beherrschen und zu bezwingen. Nur so kann sich die wahre Sensibilität entwickeln und entfalten.

Die Sensibilität ist nicht nur diese Fähigkeit, dank derer wir vom geliebten Menschen, von der Pracht der Natur, der Schönheit der Kunstwerke gerührt und in Bewunderung versetzt werden können. Sie öffnet uns auch die Tore zur Unendlichkeit, zum spirituellen Licht, sie führt uns zum Verständnis der göttlichen Ordnung der Welt, sie gibt uns die Möglichkeit, mit den verschiedenen Regionen, mit den himmlischenWesenheiten und Strömungen in Einklang zu schwingen.

Diese Art Sensibilität müssen alle pflegen, sonst wird sich die Menschheit rückläufig entwickeln. So viele Menschen sehen aus, als wären sie dabei, auf die Entwicklungsstufe der Tiere, der Pflanzen oder gar der Steine zurückzukehren! Sie geben sich überhaupt keine Mühe, ihre Sensibilität zu erziehen, sie lassen sich einfach gehen, und wer sich so verhält, entwickelt sich unweigerlich zurück. Bemüht man sich dagegen um die Entwicklung der wahren Sensibilität, dann wird unsere Materie feiner, reiner, biegsamer und schwingt schneller. Einerseits befähigt sie uns, die göttliche Welt wahrzunehmen, andererseits schützt sie uns vor Dummheit, Boshaftigkeit und Beleidigungen, wir nehmen sie einfach nicht mehr wahr. Bevor man diese Sensibilität entwickelte, reagierte man auf den geringsten Angriff, aber jetzt leidet man nicht mehr darunter. Das ist also die wahrhaftige Sensibilität, die der Seele und des Geistes. Sie bewahrt uns vor Zimperlichkeit, dieser lächerlichen aus der niederen Natur stammenden Empfindlichkeit. Daraus ergeben sich zwei Vorteile: man öffnet sich dem Licht, der Pracht und der Herrlichkeit der göttlichen Welt, und man entgeht der Finsternis, der Häßlichkeit und dem Leiden auf der Erde. Es lohnt sich also, darüber nachzudenken.

Um diese Sensibilität der göttlichen Welt gegenüber zu entwickeln, müßt ihr euch - und das ist besonders wichtig - des Wertes mancher Erlebnisse immer bewußter werden; gemeint sind die Momente der Stille und der Einkehr, in welchen euch himmlisches Licht und göttliche Gnade vergönnt sind. Viele eurer Leiden rühren von diesem Mangel an Bewußtsein her. Ihr werdet mit Segen beschenkt, er geht aber schnell verloren, weil ihr das Empfangene nicht zu schätzen wißt. Ihr werdet immer wieder von einer Beschäftigung in Anspruch genommen, die euch viel wichtiger scheint, wie basteln, belanglose Probleme besprechen usw. Ihr bildet euch sogar ein, der Himmel müsse immer bereit sein, euch mit seinem Segen zu überschütten, und wenn es euch beliebt und ihr nichts Interessanteres zu tun habt, laßt ihr euch herab, ein paar Minuten innezuhalten, um den himmlischen Segen zu empfangen. Nein, so geht es nicht! Denn der Himmel steht oberflächlichen, leichtsinnigen Menschen nicht zur Verfügung. Zu einem bestimmten Zeitpunkt, unter gewissen Umständen gießt er seinen Segen über euch aus, ist aber euer Bewußtsein nicht wach genug, oder versteht ihr euch nicht darauf, diesen Segen zu bewahren, wird er euch verlassen, und das geschieht euch recht!

Seid also wachsam! Wenn ihr spürt, daß ihr eine Offenbarung, eine Gnade empfangen habt, so bemüht euch, sie als etwas Unschätzbares zu bewahren. Ich habe schon auf eine Methode hingewiesen: ihr sollt nämlich versuchen, euch an die lichtvollsten Momente eures Lebens zu erinnern und dann zu erforschen, wie und durch wen diese Augenblicke auftauchten. Ruft sie öfters wieder ins Gedächtnis zurück wie eine Musik, die ihr liebt und immer wieder spielt. Dann werdet ihr dieselbe Lauterkeit, dieselbe Freiheit, dasselbe Licht wieder erleben.

Leider tun die meisten Menschen genau das Gegenteil, sie erinnern sich meistens an das Schmerzhafte, das in ihnen dermaßen eingeprägt ist, daß sie es unentwegt vor Augen haben und ewig darüber grübeln. Das ist höchst gefährlich. Das, was schlecht war, soll nicht wieder beschworen werden. Man soll ein für allemal die Folgerungen daraus ziehen und nicht mehr darauf zurückkommen. Immer wieder an negative Zustände oder mißglückte Ereignisse zurückdenken ist schädlich für den Menschen.

Also, wenn Gott euch in Zukunft mit seinem Segen begnadet, sollt ihr diesen Segen als etwas Kostbares bewahren, denn das Glück kommt aus der ständigen Aufmerksamkeit, die man allen schönen Dingen schenkt, aus der Fähigkeit, alles Göttliche in sich aufzunehmen. Spürt ihr einmal, daß euch der göttliche Geist und das göttliche Licht aufgesucht haben, so laßt diese Eindrücke nicht dadurch verblassen, daß ihr sofort an etwas anderes denkt. Verweilt lange bei ihnen, damit sie sich in der Tiefe eures Wesens einprägen und sich günstig auswirken. Auf diese Weise hinterlassen sie unvergängliche Spuren bis in alle Ewigkeit. Statt euch ständig bei negativen Zuständen, Enttäuschungen, Ärgernissen aufzuhalten, sie zu ernähren und zu verstärken, gewöhnt euch daran, sie zu vergessen und euch auf all das Gute, Geläuterte, Lichtvolle, das euch im Leben begegnete, zu konzentrieren.

# XI

# DAS LAND KANAAN

Wenn ihr euch einmal bewußt seid, daß ihr einen falschen Weg eingeschlagen habt, daß ihr den negativen Kräften zu Diensten wart, weil ihr euch zu kleinen vergänglichen Vergnügungen habt verführen lassen, so kehrt auf der Stelle um, entfernt euch unverzüglich von diesen gefährlichen Regionen, in die ihr euch verirrt habt. Begreift doch, daß alles für euch von den Regionen abhängt, in denen ihr euch aufhalten wollt. Wagt ihr euch unterhalb dieser Grenzlinie, welche die Wolken versinnbildlichen können, so gilt für euch natürlich das Gesetz der Wolken; dort ist es dunkel, und ihr friert. Wenn ihr aber höher steigt und über die Wolken hinausgeht, dann seid ihr in das Licht, in die Wärme eingetaucht. Ja, alles hängt von euch ab.

Die Religion lehrt, daß Gott uns für unsere schlechten Handlungen bestraft und für die guten belohnt. Das sagt man so hin, aber in Wirklichkeit wird niemand von Gott bestraft oder belohnt; wir selbst entscheiden uns durch unsere Gedanken,

Gefühle und Handlungen für diese oder jene Region. Und je nach den Verhältnissen der gewählten Regionen leiden wir oder ziehen Vorteile daraus. Es ist natürlich nicht dasselbe, den Bereich des Lichtes oder den der Finsternis aufzusuchen.

„Das, was unten ist, gleicht dem, was oben ist", sagt Hermes Trismegistos. Das bedeutet auch: das, was draußen ist, gleicht dem, was drinnen ist. Es gibt allerlei Regionen auf der Erde - bewaldete, fruchtbare Regionen voller Blumen, wo ihr in aller Sicherheit und voller Bewunderung spazierengehen könnt, und andere wie Wüsten, Sümpfe oder Dschungeln voller Raubtiere und giftiger Schlangen, wo ständig Gefahr auf euch lauert. Ja, auf der Erde findet man alles: tobende Wildbäche und stille Seen, Gipfel und Abgründe, Vulkane und Gletscher... All das ist euch bekannt, aber euch ist nicht bekannt, daß dieselben Regionen auch in euch existieren. Da gibt es auch Gipfel und Abgründe, Sümpfe und Gärten voller Blumen, Wüsten und fruchtbare Ebenen.

Es ist gut, sich in der Geographie, Geologie und in der Landwirtschaft auszukennen. Von viel größerer Wichtigkeit ist es aber, über unsere innere Erde Bescheid zu wissen und zu lernen, welche Felder wir brachliegen lassen und welche wir bestellen müssen. Es ist schon gut zu wissen, wie man auf Strömen und Ozeanen fährt, wie man Berggipfel besteigt, aber noch besser ist es zu wissen, innere Stürme und Wirbelwinde bewältigen zu können und sich in der Besteigung spiritueller Gipfel zu üben. Das ist von nun an eure Aufgabe. Ihr müßt die verschiedenen Regionen eures Inneren erforschen und durch Gedanken, Meditation, Gebet, Konzentration das verheißene Land erreichen, das Land Kanaan, das in der *Genesis* erwähnt wird und wo „Milch und Honig fließen", die Sinnbilder eines erfüllten, vollkommenen Lebens sind.

Das Leben des Menschen ist nichts anderes als eine lange Reise zur Entdeckung unbekannter Gegenden. Die einen sind gastfreundlich, und der Mensch darf sich dort einige Zeit aufhalten; die anderen unfreundlichen Regionen soll er vermeiden oder rasch umkehren, falls er sie unvorsichtigerweise betreten hat. Wie viele Denker und Dichter haben das Leben mit einer Reise verglichen! Jetzt versteht ihr weshalb. Auch wenn ihr euer Leben lang zu Hause in eurem Zimmer bleibt, könnt ihr doch alles, was auf der Erde an Landschaften und Naturerscheinungen existiert, innerlich kennenlernen. Manchmal beklagt ihr euch: „Ich weiß nicht, was mit mir los ist, ich ersticke!" Dann habt ihr euch unbewußt etwas zu weit in die unterirdischen Tiefen hinabgelassen, daher dieses Gefühl der Bedrückung. Kommt doch herauf, steigt wieder ins Freie! Dann werdet ihr ausrufen: „Wie leicht die Luft ist, ich kann endlich wieder frei atmen!" Wenn ihr euch an manchen Tagen völlig gelöst, inspiriert fühlt, als entginget ihr den Gesetzen der Schwerkraft, so deshalb, weil ihr hoch gestiegen seid, wie unbewußt diese Besteigung auch sei.

Es mag natürlich vorkommen - aber es ist äußerst selten und nur unter außergewöhnlichen Bedingungen -, daß man die Erfahrung der Schwerelosigkeit macht, als würde man fliegen.Während meines ersten Aufenthalts in Indien reiste ich eines Tages durch die Gegend von Gulmar, über Srinagar hinaus. Ich wanderte im Gebirge und bewunderte dabei den Nanga Parbat, einen der höchsten Gipfel des Himalaja. Der Anblick war einmalig... Plötzlich fühlte ich mich emporgehoben, ich bewegte mich mit solcher Leichtigkeit, daß meine Füße den Boden kaum berührten: ich bestieg die steilen Abhänge wie im Flug. Mir ist dies nur einmal im Leben passiert, aber es hat sich als ein unvergeßliches Erlebnis in meinem Gedächtnis eingeprägt.

# XII

# DER GEIST STEHT ÜBER DEN GESETZEN DES SCHICKSALS

Keine Prüfung wird euch zufällig auferlegt. Ihr müßt den Grund dafür erforschen, und tut ihr das in aller Aufrichtigkeit, in der Absicht, spirituelle Fortschritte zu machen, dann wird euch die unsichtbare Welt sicher antworten, denn so verschlossen und grausam ist sie nicht. Sie kann euch sogar offenbaren, wie ihr in einer früheren Inkarnation gegen die göttlichen Gesetze verstoßen habt, und euch so zeigen, daß euch diese Prüfungen der göttlichen Gerechtigkeit gemäß auferlegt werden, um euch zu veranlassen, Verfehlungen wiedergutzumachen. Ihr werdet natürlich fragen: „Aber warum in dieser Form? Diese Gerechtigkeit könnte mir mit freundlichen Worten und mit Liebkosungen sanft und zärtlich erklären, was ich zu meiner Besserung tun kann. Ich bin doch nicht so dumm, daß ich das nicht verstehe!"

Leider kennt ihr euch nicht. Wie oft schon haben die himmlischen Wesenheiten euch auf jede mögliche Weise erklärt, daß ihr euch gewissenhafter, ehrlicher, geduldiger, großzügiger usw. zeigen sollt...

Umsonst! Ihr habt nichts gehört, nichts gesehen, nichts verstanden, und jetzt, da ihr taub, blind und verschlossen geblieben seid, müßt ihr ein wenig aufgerüttelt, gebrannt, gestochen oder gebissen werden. Aus diesem Grund hat die göttliche Gerechtigkeit bestimmt, daß ihr euch dieses Mal in schwierigen Verhältnissen inkarniert, damit ihr durch Leid eure Schulden bezahlt und einige Wahrheiten lernt. Ihr müßt euch halt in euer Schicksal fügen!

Ob ihr einverstanden seid oder nicht, ändert sowieso nichts an der Sache. Der göttlichen Gerechtigkeit kann man nicht entgehen, man kann sie auch nicht überlisten. Deswegen hat es keinen Zweck, Astrologen aufzusuchen, wie manche es tun, damit sie euch vor bevorstehenden Verlusten und Unfällen warnen. Es ist vollkommen zwecklos, irgendwo Schutz zu suchen, denn es gibt kein Entkommen. Was ihr auch tun mögt, gegen das Schicksal nützt keine List. Die einzige Möglichkeit ist, mit dem Licht zu arbeiten. Kommen dann Prüfungen auf euch zu, so seid ihr fähig, sie besser zu ertragen.

Ihr wißt z.B., daß euch eine schwere Krankheit bevorsteht. Durch eine vernünftige Lebensweise, durch Reinigung und Stärkung eures Organismus könnt ihr euch dagegen wappnen. Der Krankheit könnt ihr unmöglich ausweichen, bricht sie aber aus, dann seid ihr imstande, ihre schlimmen Folgen einzuschränken. Dieses Gesetz gilt auf allen Gebieten. Eure Anstrengungen, um euch zu stärken und zu reinigen werden es euch auf alle Fälle ermöglichen, euch den Prüfungen unter den günstigsten Voraussetzungen entgegenzustellen.

Das Schicksal läßt sich nicht erweichen, aber grausam ist es nie, nur gerecht. All eure Verfehlungen werden auf einer Waagschale angehäuft. Faßt ihr aber einmal den Entschluß, euer Leben wieder in Ordnung zu bringen, dann kommt alles Gute, was ihr für andere tut, auf die andere Waagschale. Kommt einmal die Zeit, wo ihr eure Übertretungen zu bezahlen habt, dann wird euren guten Gedanken, Gefühlen und Handlungen Rechnung getragen, und die Wiedergutmachung wird leichter. Das bedeutet auch, daß man nicht fatalistisch werden darf und sagt: „Da mein Schicksal schon vorbestimmt ist, kann ich sowieso nichts daran ändern, ich muß es annehmen.“ Ihr dürft nie vergessen, daß das Schicksal den Geist nicht unterdrücken oder auslöschen will, im Gegenteil. Das Schicksal ist eben da, um uns anzuspornen, den Geist in uns wachzurufen, damit wir uns mit seiner Hilfe ein neues Schicksal vorbereiten.

Wegen der in früheren Inkarnationen begangenen Verfehlungen muß sich der Mensch in sein Schicksal fügen. Die Hindus sagen, er habe ein „Karma“ zu zahlen. Das bedeutet aber nicht, daß er keine Möglichkeit hat zu reagieren. Wer sich damit begnügt, alles hinzunehmen, wird letzten Endes niedergedrückt. Er soll im Gegenteil mit den Waffen der

Liebe und des Lichtes kämpfen, um Herr über sein Schicksal zu werden und unter dem Schutz der Vorsehung zu stehen. Für den Menschen, dem es gelungen ist, im Licht zu leben, gibt es kein Schicksal mehr. Er lebt dann auf einer anderen Ebene, wo andere Gesetze herrschen; er untersteht nicht mehr den Gesetzen des Schicksals, sondern denen der Gnade.

Die meisten Menschen haben eine sehr vage Vorstellung und gebrauchen das Wort „Schicksal" unterschiedslos für alles, was auf sie zukommt - Gutes wie Böses. So ist es aber nicht. Mit dem Wort „Schicksal" wollen wir die Konsequenzen unserer Unwissenheit, unserer Fehler bezeichnen, und mit dem Wort „Vorsehung" die Folgen unserer Erleuchtung und des Guten, das wir getan haben. So wird alles klar: für diejenigen, die den Weg des Lichtes und der göttlichen Liebe eingeschlagen haben, setzt sich die Vorsehung immer ein; die anderen, die in der Beschränktheit und Boshaftigkeit beharren, entgehen dem Schicksal nicht.

Wer sich der Macht des Schicksals entziehen will, muß zuallererst die Dinge richtig einschätzen, d.h. die Gedanken, Gefühle und Handlungen erkennen, die sein Karma immer von neuem beschweren, und andererseits dafür arbeiten, vernünftiger, lauterer, uneigennütziger zu werden. So gelangt er in den Bereich der Vorsehung, wo er seine wahre Zukunft schmiedet.

Bis auf ein paar höchst seltene Ausnahmen ist kein Mensch je auf Erden wiedergeboren worden, ohne daß er irgendwelche Verfehlungen wiedergutzumachen oder Schulden zu bezahlen gehabt hätte. Wie viele Eingeweihte und Heilige, wie viele Propheten haben leiden müssen, um Fehler, die sie in früheren Inkarnationen begangen hatten, wiedergutzumachen! Trotzdem haben ihre Seele und ihr Geist in der göttlichen Pracht und Herrlichkeit gelebt, weil sie trotz ihres Karmas unaufhörlich an sich selbst arbeiteten und zu göttlichen Wesen geworden sind.

Was euch auch geschehen mag, vergeßt nie, daß es in euch einen unantastbaren, unzugänglichen Bereich gibt - euren Geist. Dort sollt ihr Zuflucht suchen und arbeiten. Selbst wenn das Karma über euch herfällt, kann es euch innerlich nichts antun. Das Karma schränkt euch ein, aber ihr befreit euch; es will euch betrüben, aber ihr strahlt. Ja, immer sollt ihr nach jenem Punkt trachten, wo ihr den vom Karma regierten Regionen entgehen könnt.

Es fragt sich nun, ob ihr fähig seid, euch so hoch hinaufzuschwingen, um euch in diesem Bereich niederzulassen, der weit über allen Winden, Wirbelstürmen und Donnerschlägen steht. Diese Region meinte Jesus, als er sagte, jeder solle „sein Haus auf dem Felsen bauen". Der Felsen, das ist der Bereich des Geistes, wo wir unseren Wohnsitz nehmen sollen, denn er ist der einzige gegen Unwetter gesicherte Ort. Es ist auch *der Schirm des Höchsten* im Psalm 91, die Kausalebene. Solange ihr durch Denken und Meditation keinen Zugang zu dieser Sphäre findet, werdet ihr in den niederen Regionen der Mental- und Astralebene stagnieren, verletzbar sein, und ihr werdet weiterhin gequält.

Hoffentlich beleuchten diese paar Worte etwas mehr das Problem. Dem Karma kann man nicht entgehen, es ist aber möglich, es auf diese oder jene Weise abzubezahlen. Alles geschieht genau wie im täglichen Leben, wo man meistens mit Geld bezahlt, aber es gibt andere Mittel, um seine Schulden zu tilgen, z.B. durch Arbeit, mit einem Geschenk oder einer Dienstleistung... Auf der spirituellen Ebene besteht die beste Bezahlung darin, Gold zu sammeln, d.h. gute Eigenschaften und Tugenden zu entfalten. Das Gebet ist ebenfalls eine Art Bezahlung, es birgt auch Gold in sich, d.h. das Beste aus eurem Herzen, eurer Seele, eurem Geist. Ihr bereut eure Verfehlungen und versprecht, sie durch gute Handlungen wiedergutzumachen. Dann sagt der Himmel: „Er zeigt Reue, er ist bereit, alles wiedergutzumachen. Das ist also ein Beweis, daß er begriffen hat; nun wollen wir seine Prüfungen mildern.“ Denn was erwartet eigentlich der Himmel von uns? Daß wir uns bessern. Er will uns nicht niederdrücken; was hätte er davon? Er wünscht einfach, daß wir endlich bewußter und vernünftiger werden. Deshalb schickt er uns - falls wir dickköpfig bleiben - weitere Prüfungen.

Stellt er aber fest, daß wir verstehen, ohne daß wir geprüft werden müssen, dann ist er damit zufrieden. Auf unsere Vernichtung legt er keinen Wert.

Es gibt zahlreiche Fälle von Menschen, die ihre karmischen Schulden so bezahlten, daß sie für andere arbeiteten, sich aufopferten, ihnen ihre Zeit, ihre Kräfte, ihre Gedanken und ihre Seele schenkten. Daß man über das karmische Gesetz im Bilde ist, darf aber nicht als Vorwand dazu dienen, den Leiden der anderen gegenüber gleichgültig zu bleiben. Leider mußte ich feststellen, daß manche sogenannte Spiritualisten nur wenige Worte für die Leidenden haben, seitdem sie vom Gesetz des Karma gehört haben. Sie sagen bloß: „Ach was, das ist ihr Karma", und bleiben tatenlos, statt etwas zu unternehmen, um ihnen zu helfen. Wenn das Wissen um das Karma manche nur dazu führt, weiterhin im Egoismus zu beharren, dann wäre es manchmal besser, sie hätten nie davon gehört. Die westliche Welt zeigt sich der östlichen Welt überlegen, weil sie das Mißgeschick der anderen nicht als eine Selbstverständlichkeit hinnimmt, sondern rasch eingreift. Das sieht man jeden Tag. Treten Hungersnot, Seuchen, Überschwemmungen, Erdbeben usw. ein, dann bringen sie sofort Hilfsaktionen zustande. Das ist großartig!

In Wirklichkeit ist es natürlich besser, wenn alle die Schicksalsgesetze kennen, wenn alle einmal begreifen, warum sie - und die anderen - von gewissen Schicksalsschlägen getroffen werden, und daß sie nie aufhören dürfen, ihren Mitmenschen Beistand zu leisten. Manche werden einwenden: „Aber wozu soll man ihnen helfen? Sie kriegen doch, was sie verdienen!“ Zunächst, weil jede Bemühung, den Menschen zu helfen, sich nie als nutzlos erweist. Unter gewissen Umständen kann sich der Himmel durch eure Aufrichtigkeit sogar erweichen lassen. Dann ist es auch für euch nützlich, denn so kommt ihr vorwärts. Indem ihr den anderen beisteht, kommt in euch etwas zur Entfaltung. So lautet meine Antwort immer, wenn man mich fragt, warum ich mich so sehr um die anderen kümmere; ich spüre nämlich, daß es mir gut tut, daß es sich günstig auf mich auswirkt. Ja, so ist es. Warum tut ihr nicht dasselbe? Ihr würdet euch dann besser fühlen.

Aber ob das, was ihr für die anderen tun wollt, ihnen zugute kommt, ob sie dadurch gerettet werden oder nicht, weiß nur Gott. Den anderen zu helfen ist keine leichte Sache. Ich bin nicht so naiv, das nicht einzusehen. Oft sage ich mir: „Mein Lieber, so viele sind zu dir gekommen und haben von ihren Problemen und Leiden erzählt. Stundenlang hast du ihnen zugehört und mit ihnen gesprochen, um sie zu trösten, zu beraten. Und jetzt bildest du dir ein, sie werden auf deine Worte hören und den richtigen Weg einschlagen. Du solltest dir keine falschen Hoffnungen machen. Die meisten werden sich noch lange so weitertreiben lassen. Was dich aber anbelangt, so solltest du dich weiterhin um sie kümmern, denn du bist es, der dabei an Stärke und Klarheit gewinnt. Und auch wenn sie nicht für das Reich Gottes wirken wollen, sollst du es doch tun; so wird sich - wenigstens in dir - das Reich Gottes niederlassen.“

Wären alle so „egoistisch“ eingestellt, dann wäre es großartig! Ja, jeder sollte eigennützig, selbstsüchtig sein! Ihr werdet fragen: „Aber wieso? Uns haben Sie fortwährend die Uneigennützigkeit gepredigt, und jetzt...“ In Wirklichkeit gibt es keine absolute Uneigennützigkeit, sondern nur verschiedenartige Interessen: ein niederes, materielles, grobes Interesse und ein hohes, göttliches, erhabenes. Deshalb ist es für euch von ausschlaggebender Bedeutung zu wissen, wo euer wahres Interesse liegt. Wer glaubt, sein Interesse liege darin, um jeden Preis seine soziale Stellung zu sichern, reich, mächtig und berühmt zu werden, muß sich darüber im klaren sein, daß er arm, nackt, miserabel, häßlich und verunstaltet im Jenseits landen wird. Also ein Beweis, daß er sein wahres Interesse verkennt.

Auch ihr müßt begreifen, wie wichtig es ist, für das Wohl der anderen zu arbeiten, denn so tragt ihr eure Schulden ab. Wer sagt: „So blöde bin ich nicht. Ich will nichts für die anderen tun, ich will das Leben genießen, gut essen und trinken und mich amüsieren“, wird feststellen, wie ihn das Karma in dieser oder jener Form einholt. Er hält sich für schlau, in Wirklichkeit ist er aber dumm und unwissend!

Die Einweihungswissenschaft ist insofern nützlich, als sie uns lehrt, nach diesen Vorschriften, Gesetzen und Methoden zu leben, damit wir eines Tages frei, stark und glücklich werden. Wer diese Wissenschaft vernachlässigt, arbeitet stets gegen sein eigenes Interesse.

Also beruhigt euch, wenn ihr viel durchzumachen habt. Denkt darüber nach, statt zu klagen und zu jammern, und fragt euch: „Was haben denn der Herr und all meine himmlischen Freunde vor? Was soll ich erreichen?“ Es wird euch schon einleuchten, und ihr werdet erkennen, daß ihr geduldiger, widerstandsfähiger, gescheiter usw. werden müßt. Ihr lehnt euch dann nicht mehr auf, sondern seid sogar dankbar; ihr bedankt euch für alles. Und die Tugenden, zu denen euch der Himmel anspornen will, werdet ihr euch viel rascher aneignen.

Man hört oft, daß es Menschen dank eines Unfalls, einer schweren Krankheit oder eines großen Unglücks gelungen sei, ihre wahre Bestimmung oder sogar ihr Heil zu finden. Am Anfang glaubten sie noch, alles wäre verloren, sie waren verzweifelt und empört. Gewiß sind manche Prüfungen schrecklich, und man kann sich dem Leiden nicht entziehen. Warum sollte man aber nicht auch an das Glück denken, das doch später einmal nach all diesen Prüfungen auf uns wartet? Warum so viel Zeit mit Verzweiflung und Auflehnung vergeuden?

Wie hart die Prüfungen auch seien, die Eingeweihten arbeiten weiter, sie hören nicht auf, sich für das Licht, das Gute, die Liebe einzusetzen, denn sie haben das Wesentliche erkannt. Also freut euch darüber, daß ihr diese Lehre habt und bedankt euch für all die kostbaren Edelsteine, für die sich öffnenden Möglichkeiten einer großartigen Arbeit für euch und euren Geist. Was würde aus euch ohne das spirituelle Licht?

# XIII

# SUCHT DAS GLÜCK
# IN DEN HÖHEREN REGIONEN!

Die größte Gefahr für die Menschen besteht darin, einer materialistischen Philosophie zu folgen, die sie antreibt, alle Befriedigungen auf der physischen Ebene zu suchen. Auf dieser Suche werden sie allmählich selbstsüchtig, ungerecht, unehrlich, ja sogar kriminell. Um eine Lohnerhöhung, eine bessere Stelle, einen größeren Marktanteil oder eine gesellschaftliche Einladung zu erhalten, schmieden sie Ränke und schließen allerlei Kompromisse. Angenommen, sie könnten ihren Willen durchsetzen, hätten sie wirklich mehr davon? Und selbst wenn sie ihr Ziel erreichen, fühlen sie sich oft unbefriedigt. Sie haben anderen Menschen Unrecht getan und fühlen sich dabei nicht glücklicher. Das Ganze lohnt sich also nicht.

Wer das Glück in der Materie sucht, ist wie ein Goldsucher, der Tonnen von Sand umschaufelt und kaum ein Goldkörnchen zutage fördert. Das bringt auch nicht viel ein. Um Gold in großer Menge zu entdecken, muß man sich bis zu der Region der Sonne und des Geistes emporheben. Hier unten findet man nur Abfälle und Schlacken.

Natürlich können wir uns nicht von der Materie losreißen; wir haben einen Körper, und durch ihn stehen wir mit der gesamten Umwelt in Beziehung. Das ist auch richtig so, denn unterbrächen wir diese Beziehungen, dann würden wir sterben. Wir müssen also essen, trinken, schlafen, uns anziehen, eine Bleibe haben, uns vergnügen, arbeiten, lieben, usw. Ist es aber wirklich notwendig, all dem so viel Mühe und Zeit zu widmen? Am Ende ist man das alles satt.

Was kann man denn tun, um den Überdruß zu vermeiden? Greifen wir ein einfaches Beispiel auf, die Ernährung. Seit Jahren habe ich immer wieder betont, daß es gut ist, in der Stille zu essen - erfüllt mit Liebe und Dankbarkeit für die Nahrung. Warum? Wenn ihr so eßt, tretet ihr mit dem feinstofflichen Teil der Nahrung in Verbindung. Die unwägbaren Elemente der Nahrung tragen viel mehr als die Quantität des Aufgenommenen zu eurer Gesundheit und eurem Gleichgewicht bei. Außerdem bewirken sie Wandlungen in der Quintessenz eures Wesens: euer Herz wird großzügiger, euer Verstand klarer. Der Satz „sucht das Glück in den höheren Regionen" heißt, in alles, was man auf der materiellen Ebene tut, Elemente spiritueller Natur einzuführen.

Mit der Liebe ist es dasselbe. Ebenso wie der Mensch sich nicht ernähren kann, ohne feste, materielle Nahrung zu sich zu nehmen, ist es ihm auch unmöglich - Ausnahmen sind sehr selten -, zu lieben, ohne physische Beziehungen zu haben. Für solche Beziehungen ist es aber nicht notwendig, sich Tag und Nacht in der Sinnlichkeit zu wälzen. Auch da gibt es Methoden. Wie oft habe ich euch geraten, einen solchen Austausch auf den subtilen Ebenen zu machen! Jetzt seid ihr natürlich noch in der Übergangsphase, eure Bemühungen in dieser Richtung sind mehr oder weniger erfolgreich. Etwas habt ihr schon erreicht, aber ihr habt keine endgültigen Ergebnisse erzielt, das ist normal. Einen endgültigen Erfolg kann man kaum erreichen, denn dieser bedeutet ja den höchsten Grad der Einweihung. Eure Bemühungen, um Freude und Glück in sehr hohen Sphären zu finden, sollen aber niemals nachlassen. Es ist nicht untersagt, von allem, was die kosmische Intelligenz uns zur Verfügung stellte, Gebrauch zu machen, im Gegenteil; versucht es aber zu benutzen, um immer höher zu gelangen, wo Licht und Lauterkeit herrschen.

Jetzt dürfte die Frage der Beziehungen des Menschen mit der Materie klar für euch sein. Der Abstieg in die Materie ist im Laufe der menschlichen Entwicklung weder ein Irrtum noch ein Zufall, er war von der kosmischen Intelligenz vorgesehen. Um zur vollkommenen Erkenntnis zu gelangen, mußte der Mensch seine intellektuellen Fähigkeiten entwickeln. Diese Entwicklung setzte voraus, daß er in Verhältnisse hineingestellt wird, die seine Wahrnehmung der unsichtbaren Welt einschränken, damit er sich der Erforschung der Materie widmen kann. So erklärt sich, warum sich die Menschheit auf der jetzigen Entwicklungsstufe befindet, welche nicht die letzte ist. Die Menschheit muß nun wieder zu den Regionen der Seele und des Geistes zurückkehren, die sie einmal verließ. Reicher an Erfahrungen, die sie dank des Intellektes auf der materiellen Ebene sammeln konnte, wird sie zurückkehren.

Gegenwärtig erlebt man, wie das Bewußtsein mit immer schwindelerregenderer Schnelligkeit in die Materie hinunterstürzt. Da diese von solcher Vielfalt, solcher unerschöpflichen Reichhaltigkeit ist, gibt es immer wieder etwas Neues zu entdecken, zu berühren oder anzusammeln. Deswegen vergessen die Menschen dabei ihr wahres Selbst und verlieren sich in der Materie. Es wird aber einmal die Zeit kommen, wo sie es satt haben. So unerschöpflich diese Materie auch sei, sie vermag doch nur das zu geben, was die physischen Bedürfnisse zufriedenstellen kann. Dann werden sich die Menschen wieder nach den spirituellen Regionen sehnen. Sie werden neue Bedürfnisse in sich spüren, denn nachdem sie auf der physischen Ebene alles berührt, ausgekostet und besessen haben, werden sie einsehen, daß das wahre Glück keineswegs dort liegt.

Vorläufig ist alles so eingerichtet, daß die Menschen den Wunsch verspüren, tief in die Materie einzudringen. Schaut euch bloß die Werbung an, sie ist allgegenwärtig, um die Menschen zu überzeugen, daß ihr Leben durch diese Creme oder jene Waschmaschine, durch eine bestimmte Kaffee-, Schmuck- oder Automarke geändert werden könnte. Und alle stürzen sich auf diese „Kostbarkeiten“. Mein Gott, wenn es so leicht wäre, das eigene Leben umzuwandeln! Ich behaupte nicht, diese Produkte oder Maschinen seien nicht nützlich oder angenehm, aber etwas wirklich Wesentliches können sie nicht vermitteln. Der Beweis dafür? Hat man diese Dinge erworben - und noch viele andere dazu -, so spürt man die innere Leere immer noch.

Eines Tages wird eine neue Philosophie - die ewige unvergängliche Philosophie der Eingeweihten - den Menschen die Richtung weisen, den Weg nach oben - zu den höheren Regionen. Dort werden sie alle Schätze wiederfinden, die sie beim Hinabsteigen in die Materie zurücklassen mußten. Und nicht nur diese Reichtümer werden sie wieder zurückgewinnen. Alle Errungenschaften der physischen Ebene werden ihnen - dank eines tieferen Verständnisses - auch zugute kommen, denn auf der physischen Ebene gibt es ja noch so viel zu erforschen, zu bearbeiten, so viel, woran man sich erfreuen kann. Die Erforschung der Materie wurde also von der kosmischen Intelligenz für die Entwicklung des Menschen programmiert. Die Materie erkennen bedeutet aber nicht, sich in ihr zu vergraben. Also begreift jetzt, daß ihr emporsteigen müßt, um das Glück zu erreichen, ja, ihr müßt euch immer höher hinaufschwingen und euch dort oben niederlassen mit eurem gesamten Hausrat an Möbeln, Speisekammer, Kleidung, Schallplatten, Autos. Ich sage das nur so hin, denn ich glaube nicht, daß ihr euch mit dieser Last sehr hoch erheben könnt! Damit meine ich nur folgendes: vergeßt nicht bei allem, was ihr auch tut, ein spirituelles Element hinzuzufügen, damit eure Handlungen verwandelt werden.

# XIV

# DIE SUCHE NACH GLÜCK IST DIE SUCHE NACH GOTT

Das Glück ist wie ein Ball, dem man nachläuft; gerade, wenn man ihn aufheben will, stößt man ihn mit dem Fuß unwillkürlich wieder an, um weiter hinterherlaufen zu können... Durch diesen Lauf fühlt man sich angespornt, gerade in dieser Suche, diesem inneren Schwung, das Ziel zu erreichen, findet man in Wirklichkeit das Glück. Wenn ihr also einen Wunsch verspürt, beeilt euch nicht, ihn zu befriedigen, denn dieser Wunsch ist es, der euch erhebt, euch ganz erfüllt. Da ich dieses Gesetz kenne, hege ich in meiner Seele, in meinem Geist Wünsche, die ich nie erfüllen kann, aber sie sind es, die mich anspornen.

Das ist das Geheimnis. Warum sich etwas wünschen, das man in ein paar Monaten oder Jahren verwirklichen kann? Das ist wirklich zu leicht, und so werdet ihr nicht glücklich, denn um so etwas zu erreichen, braucht ihr euch nicht mit der unerschöpflichen göttlichen Quelle zu verbinden, die einzige, die euch alles geben kann. Ist das Erwünschte einmal erlangt, so fühlt man sich zuerst glücklich, aber gleich danach spürt man eine Leere, dann muß man etwas anderes suchen, und man ist trotzdem nie befriedigt. Was soll man also tun? Alles anstreben, was euch am entferntesten und am unerreichbarsten erscheint, nämlich Vollkommenheit, Unendlichkeit, Ewigkeit; allem übrigen - Erkenntnis, Reichtum, Macht, Liebe... - werdet ihr schon unterwegs begegnen. Ja, sie werden euch zuteil, ohne daß ihr darum bittet. Wenn ihr hingegen um etwas Bestimmtes bittet, werdet ihr euch dadurch aufhalten lassen, euch also einschränken, und das übrige wird ausbleiben. Gott allein weiß, ob ihr einmal bekommt, was ihr sucht!

Darum ist der beste Rat, den ich euch geben kann, folgender: bittet nur um das Unerreichbare. Alles andere werdet ihr schon auf dem Weg finden, ohne euch aufzuhalten oder Zeit zu verlieren. Ja wirklich! Aber wer denkt so? Immer sagt man sich: „Ach! Wenn ich nur diese Stelle bekäme, wenn ich nur diesen Preis gewinnen könnte, wenn ich nur heiraten und Kinder haben könnte... wäre ich glücklich!" Aber erreicht man das alles, so wird nicht viel geändert! Man fühlt sich immer noch unglücklich, weil man dabei stehenbleibt, statt auf ein fernes Ziel zuzusteuern, nach dem man unablässig streben muß.

Man muß wissen, daß Gott es war, der ein Gefühl der Unzufriedenheit, des Mangels in die menschliche Seele legte. Erst durch die Vereinigung mit Ihm wird diesem Mangel abgeholfen. Solange diese Verschmelzung nicht stattgefunden hat, werden die Menschen weitersuchen, allerlei Erfahrungen machen und jedesmal glauben, das Erwünschte erlangen zu können. Ihre Erwartungen werden leider nicht erfüllt, und am Ende sind sie doch immer wieder enttäuscht. In Wirklichkeit ist diese Enttäuschung nicht so schlecht, im Gegenteil, denn sie ist es, welche die Menschen anspornt, vorwärts zu gehen, zu suchen und nochmals zu suchen.

Gott ist im ganzen Universum gegenwärtig, in allem, was unser Begehren erweckt, ist Er verborgen. Auf ihre Weise sind Trinker, Schlemmer, Ehrgeizige, Habsüchtige und Wüstlinge auch auf der Suche nach Gott, denn Alkohol, Nahrung, Sinnlichkeit, Geld, Ruhm, Macht usw. enthalten tatsächlich auch ein winziges Teilchen von Ihm. Ja, Gott ist überall zu finden, sogar in einem Sumpf oder in einem Stein, wo seine Anwesenheit wie ein vergrabener Funke ist. Natürlich ist solch ein Genuß von kurzer Dauer, denn Gott kann man weder in den dichten Schichten noch in den niederen Formen der Materie wirklich finden.

Ohne es zu wissen, sind alle Menschen auf der Suche nach Gott. Allerdings bilden sie sich ein, sie würden das Glück suchen. Und wer sucht es nicht? Alle jagen ihm nach - und nur ihm -, aber sie stellen sich dieses Glück stets in einer bestimmten Form vor. Man braucht die Menschen nur ein wenig zu beobachten, um die Vielfalt der Formen festzustellen, die diese Suche nach dem Glück annehmen kann. Einige dieser Formen stehen in totalem Widerspruch zueinander. Manche müssen nachdenken und grübeln, um glücklich zu sein; andere hingegen brauchen Sorglosigkeit und Unterhaltung; die einen kommen ohne Familienleben nicht aus, die anderen bevorzugen Einsamkeit und bleiben ledig; einige streben nach Wohlstand, Komfort und Ruhm, andere nach Strenge, Askese und Zurückgezogenheit; manche sehnen sich nach einem abwechslungsreichen, abenteuerlichen Leben, während andere sich eine friedliche, einfache Existenz wünschen; manche spüren das Bedürfnis, ihrem Nächsten beizustehen, ihn zu pflegen, andere denken nur daran, ihn zu quälen und zu vernichten.

Dieses Glück, das ein jeder auf seine Art - je nach Temperament - sucht, stellt eine Form der Suche nach Gott dar, eine Suche, die mehr oder weniger erleuchtet und weise ist. Es ist aber doch stets die Suche nach Gott, weil hinter jedem Begriff von Glück Gott verborgen ist. Er selbst legte dieses Verlangen nach Glück in die Menschen, damit sie Ihn endlich einmal finden. Auch wenn sie Ihn inzwischen noch durch Kamine, Abflußrinnen, Sümpfe, Friedhöfe hindurch suchen, werden sie nach unzähligen Erfahrungen am Ende begreifen, daß es ratsamer ist, Ihn in den höheren Regionen zu suchen, in Form von Lauterkeit und Licht, ja, dort - und nirgendwo anders - werden sie Ihn finden.

Alle sind dazu bestimmt, Gott eines Tages in dieser erhabenen Form zu finden. Aber um Ihn zu entdecken, muß man Ihn wenigstens lieben. Daraus sollte man nicht folgern, Gott brauche unsere Liebe. Alle großen Meister aller Religionen haben ihre Schüler die Liebe zu Gott gelehrt, weil sie ein magisches Gesetz kannten, das einem Gesetz in der spirituellen Welt entspricht, und dessen Auswirkungen wir täglich auf der physischen Ebene zu sehen bekommen. Werft ihr einen Ball gegen eine Mauer, so wirft sie ihn euch zurück. Ruft ihr im Gebirge Worte gegen eine Felswand, dann schallt es zurück. Wenn ihr eure Liebe zu Gott schickt, wirkt dasselbe Gesetz: die göttliche Liebe kehrt automatisch zu euch zurück. Gott braucht uns nicht, aber wir brauchen Ihn. Nur durch unsere Liebe zu Ihm vermögen wir, Ihn anzuziehen.

Um zu empfangen, muß man geben. Haltet ihr mir euer Glas nicht hin, so kann ich euch kein Wasser einschenken. Wenn ihr Gott euer Herz nicht gebt, dann kann Er es nicht mit seinem Segen erfüllen. Ja, um die Kraft, das Licht, die Weisheit, die Schönheit, die Fülle, die Liebe des Herrn zu empfangen, müssen wir Ihm unsere Liebe schenken, denn diese Liebe ist es, welche die göttliche Gnade auslöst.

# XV

# FÜR SELBSTSÜCHTIGE GIBT ES KEIN GLÜCK

Mit Selbstsucht arbeitet ihr nicht für eure persönlichen Interessen, im Gegenteil, euer wirkliches Interesse liegt darin, an die anderen zu denken, denn dadurch verbessert ihr eure Lebensbedingungen. Veranschaulichen wir das durch ein Beispiel. Auf eurem Weg liegt zerbrochenes Glas. Ihr seht es ja genau, nehmt es aber nicht weg und denkt: „Ich habe es nicht fallenlassen, andere sollen es aufheben." Aber das Schicksal schickt euch eines Tages auf denselben Weg - diesmal in der Dunkelheit -, und da ihr nicht besonders aufpaßt, verletzt ihr euch an den Glassplittern. Natürlich schreit ihr laut auf: „Wie kann man so blöd sein und Glasscherben auf dem Weg liegenlassen? Das ist ja ein Verbrechen!" Eure Frage kommt etwas spät. Ihr hättet das Glas aufheben sollen, als ihr das erstemal den Weg gegangen seid.

Diejenigen, die nicht an die anderen denken, halten sich für intelligent. Aber immer stößt ihnen etwas Unerwartetes zu, was beweist, daß sie doch nicht so gescheit sind! Denn die Intelligenz ist auch die Fähigkeit, sich in die Zukunft zu projizieren, um die Konsequenzen der eigenen Handlungen oder deren Unterlassungen vorauszusehen. Wenn der Mensch sich den anderen gegenüber nicht anständig verhält, bereitet er sich selbst eine sehr schlechte Zukunft.

Die anderen zu ignorieren weist nicht nur auf einen Mangel an Liebe hin, sondern auch auf einen Mangel an Intelligenz. Und das ist nicht alles. Wenn man nicht genug Liebe hat, um zu spüren, was für die anderen zu tun ist, Intelligenz genug, um es einzusehen, dann läßt man den Dingen einfach ihren Lauf und rührt keinen Finger, um der Sache abzuhelfen, und das beweist einen Mangel an Willen. Stellt euch das vor! Wenn drei so wesentliche Dinge fehlen - die Intelligenz, die alles voraussieht, die Liebe, die nur daran denkt, alles zu verbessern, und der Wille, der fähig ist, den Schwierigkeiten entgegenzutreten - welchen Erfolg kann man sich dann im Leben erhoffen?

Und dann stellt man erstaunt fest, daß es dieselben Personen sind, die sich immer als erste beklagen, ihnen fehle dies, man schulde ihnen das, man liebe sie nicht, und man denke nie an sie, oder andere seien ihnen schlecht gesinnt usw. Aber warum merken sie denn nicht, daß sie durch ihren Egoismus und ihre unberechtigten Ansprüche dabei sind, alle Welt um sich herum zu entmutigen? Sie brauchen Hilfe, Unterstützung, Beistand... das schon, nur sollten sie zuerst weniger an sich selbst und etwas mehr an die anderen denken. Wenn sie sich von ihrem Egoismus leiten lassen, werden sie nicht glücklicher.

Wer nur daran denkt, aus allem Vorteile zu ziehen, sich für den Nabel der Welt zu halten und sich noch dazu einbildet, die ganze Welt müsse sich um ihn drehen, ihn bedienen und sich vor ihm verbeugen, als wäre er ein Prinz, der bereitet sich ein Leben voll Kummer und Leid. Um glücklich zu sein, muß man dienen.

Ist es wirklich zu viel, von euch zu verlangen, euer Bewußtsein zu erweitern? Vergeßt ein wenig das, was euch fehlt! Wie kann man sich denn einsam, arm und gedemütigt fühlen, wenn man mit Hilfe der Gedankenkraft die Möglichkeit hat, das Universum zu umfassen, sich mit allen lichtvollen Wesenheiten zu verbinden, die es bevölkern? Was braucht ihr noch mehr, um zu begreifen, daß ihr mit Reichtümern überhäuft seid und daß ihr anderen helfen könnt? Lernt, großzügig zu sein, verteilt eure Schätze, ja, sogar die materiellen, wenn ihr euch dazu entschließen könnt. Sonst werdet ihr unentwegt vor Angst zittern, ihr könntet beraubt werden, und dabei vergessen, daß es unglückliche und bedürftige Menschen auf der Welt gibt. Also los, verteilt es! Ihr habt dann keine Angst mehr vor den Dieben, eure Geste wird in den höheren Regionen eingeschrieben, und eines Tages werdet ihr feststellen, daß sie an Wert gewonnen hat. Wie kann man den Menschen das klarmachen? Alles wollen sie an sich reißen, so selbstsüchtig und gierig sind sie! Sie kommen gar nicht auf den Gedanken, die anderen glücklich zu machen. Aus diesem Grund sind sie selbst nie glücklich.

Wer zu engstirnig ist, kann unmöglich glücklich werden, und deswegen kann ein Egoist auch nicht glücklich sein, weil bei ihm alles eingeengt ist. Um glücklich zu werden, muß man sich öffnen, bis man das ganze Universum zu umfassen vermag, und das kann nur die Liebe bewirken. Wer voller Liebe ist, schreitet über seine Grenzen hinaus, dehnt sich aus, schwingt im Einklang mit dem Universum; alles steht ihm offen, alle Schranken fallen, das Glück verläßt ihn nie mehr. Der Weg zum Glück ist die Liebe, die Liebe allein, nicht die Wissenschaft, nicht einmal die Philosophie. Wissenschaft und Erkenntnis vermögen keinen Menschen glücklich zu machen; sie können den Weg dazu ebnen, uns orientieren und aufklären, ja, das schon, aber sie sind nicht imstande, uns glücklich zu machen. König Salomon hatte es wohl erfaßt, als er sagte: „Viel Weisheit, viel Kummer, mehr Wissen, größere Pein." Wer viel weiß, wird nicht glücklicher, derjenige aber, der voller Liebe ist, fühlt sich viel glücklicher, auch wenn er wenig Wissen hat. Weshalb? Weil Gott das Glück ins Herz legte und nicht in den Intellekt. Das Herz soll großzügig sein, denn einem selbstsüchtigen Herzen wird niemals das Glück vergönnt, das haben Himmel und Erde geschworen. Ihr werdet einwenden: „Wir kennen aber so viele Menschen, die nur für sich selbst arbeiten, für ihre persönliche Bereicherung und Macht, für ihren eigenen Ruhm und doch glücklich sind!" Ja, dem Anschein nach schon, aber wie lange wird es dauern? So muß man die Dinge beurteilen. Es mag sein, daß sie durch Intrigen das Ersehnte erhalten, das Wesentliche wird ihnen aber vorenthalten, nämlich Friede, Freude und innere Fülle. Obwohl ihnen auf der materiellen Ebene alles zur Verfügung steht, müssen sie doch zugeben, daß ihnen etwas fehlt.

Der Himmel schaut zu, *wem* ihr dient. Frönt ihr euren Götzen, eurem Egoismus, eurer niederen Natur, dann wendet er sich von euch ab. Seine Schätze verteilt er nicht unter Menschen, die nur darauf aus sind, sich in allerlei Machenschaften und Vergnügungen zu stürzen und ihre niederen Triebe befriedigen. Wer wird euch dann helfen? Wer wird euch retten? Euer Geld? Euer Ruhm? Euer Prestige? Für den Himmel gibt es nur zwei Kategorien von Menschen: einerseits diejenigen, die sich ausschließlich für ihre Interessen, für die Befriedigung ihrer eigenen Wünsche einsetzen, und andererseits jene, die sich bemühen, ihren Brüdern zu helfen und an der Arbeit von Milliarden und Milliarden von Wesenheiten der unsichtbaren Welt mitzuwirken, jenen Wesenheiten, die für die Verwirklichung des Reiches Gottes auf Erden arbeiten. Und diese Menschen sind im großen Buch des Lebens als Wohltäter der Menschheit verzeichnet.

# XVI

# GEBT, OHNE ETWAS DAFÜR ZU ERWARTEN!

Wer anderen geholfen, ihnen Gutes getan und sie unterstützt hat, findet es normal, ein Zeichen der Dankbarkeit oder wenigstens der Anerkennung zu erhalten. Diejenigen, die für ihre Kinder gearbeitet, sie ernährt und großgezogen haben, erwarten auch, daß ihre Kinder zumindest erkennen, daß sie gute Eltern waren. Diese Einstellung, die seit der Erschaffung der Welt als normal und berechtigt betrachtet wurde, erkläre ich nun für nichtig und sage den Eltern, daß sie überhaupt nichts erwarten dürfen!

Sicher werden sich einige von euch fragen: „Warum sagt er so sonderbare Dinge?" Die Antwort ist einfach, denn erwartet man irgendeine Anerkennung oder Dankbarkeit, so betritt man die Region der Unzufriedenheit, Vorwürfe, Gehässigkeit und Quälerei. Ihr fragt nun: „Wird denn das Gute, das wir tun, nie anerkannt?" Doch, aber damit soll man nicht rechnen. Alle Weisen und Eingeweihten kennen dieses Gesetz der Ursache und Wirkung und richten ihr Leben danach ein. Sie wissen genau, daß sie früher oder später die Rückwirkung all ihrer Taten erfahren werden. Ist eine Handlung gut, so wird die Rückwirkung auch so sein; ist sie schlecht, dann... Auf diesem Gesetz bauen die Weisen ihr Leben auf, und ihr sollt euch ein Beispiel an ihnen nehmen.

Was weiß man von der Realität? Zuweilen kann man sich sogar fragen, ob die Welt tatsächlich existiert. Manche Philosophen haben behauptet, es gäbe gar keine objektive Realität, und all unsere Wahrnehmungen seien nur das Ergebnis unserer eigenen subjektiven Eindrücke. Ich erinnere mich, in meiner Jugend habe ich einige dieser Philosophen - Berkeley, Ernst Mach u.a. - gelesen. Ich war verblüfft, fand aber ihre Argumente tatsächlich überzeugend. Es ist also möglich, vieles zu bezweifeln, aber es gibt ein Gesetz, das die Eingeweihten nie in Frage stellen: „Was der Mensch sät, das wird er ernten", mit anderen Worten, tut man Gutes, so wird man auch früher oder später die Früchte davon ernten.

In Indien gibt es ein Yoga, Karma-Yoga genannt, dessen Anhänger sich darin üben zu handeln, ohne Vorteile daraus zu erwarten. Auf diese Weise kann man sich spirituell entwickeln und läutern, an Stärke und Macht gewinnen und Gott näherkommen. Den Abendländern bleibt aber die Philosophie des Karma-Yoga völlig fremd, denn sie erwarten irgendeine Gegenleistung, sobald sie etwas schenken.

Man muß wissen, daß die kosmischen Gesetze es nicht so eilig haben wie wir, sie gehorchen einer anderen Zeitbestimmung, deshalb stellen sich die Belohnungen oft mit etwas Verspätung ein (die Strafen übrigens auch!). Und unsere Ungeduld wie auch unsere Auflehnung machen die Lage nur noch schwieriger. Warum also leiden und sich quälen? Früher oder später wird der Dank schon kommen, deshalb dürft ihr nichts erwarten. So lebt ihr frei und sorglos, denn ihr wißt, daß Geschenke als Belohnung auf euch zukommen..., und ihr seid zuversichtlich. Verbitterung und Empörung würden nur beweisen, daß ihr das wahreWissen nicht besitzt.

Ihr seid in einer Einweihungsschule, um Wahrheiten zu lernen, ohne die ihr euch weiterhin vergeblich mit unlösbaren Problemen herumschlagen werdet. Dank dieser Wahrheiten vermögt ihr, euren versperrten Weg freizulegen und so vorwärtszukommen.

Ich gehe noch weiter und sage euch, gewöhnt euch daran, anderen unauffällig Gutes zu tun und darüber zu schweigen! So wird in ihnen etwas Positives wachgerufen, sie sind dann gezwungen, sich zu fragen, wer dieser großartige Mensch wohl sein mag, der sich nicht zeigen will, und sie werden sich veranlaßt fühlen, anderen gegenüber genauso zu handeln. Natürlich wäre es besser, wenn ich euch diese Lehre beibringen könnte, ohne dabei in Erscheinung zu treten. Wie soll ich das aber anstellen? Ich kann mich nicht verstecken, wenn ich spreche; jeder sieht, daß die Worte aus meinen Mund kommen. Unausgesprochene Worte wären mir lieber, so wüßtet ihr nicht, woher diese Erläuterungen und Anweisungen stammen. Das tue ich oft bei mir zu Hause oder in der Stille der Meditation. Denn ich kenne eure Probleme und Sorgen, und selbst wenn ich euch nicht vor mir habe, gebe ich euch Erklärungen und Ratschläge. Ich kann euch sogar Wahrheiten offenbaren, die ich euch nicht mit Worten vermitteln könnte. An euch liegt es, wachsam zu sein, ab und zu nach innen zu lauschen, und dort nach einer Aufklärung, einer Erleuchtung zu suchen. Selbst wenn ihr nicht wißt, daß ich es bin, der euch dieses Licht überbracht hat, bemüht euch doch, es zu finden und es zu verwerten.

Diejenigen, die fähig sind zu geben, ohne es zu zeigen, machen große spirituelle Fortschritte und sind mit einer geheimen Freude erfüllt, während andere, die gleich sagen: „Es freut mich, Ihnen das zu schicken", nicht die gleiche Freude empfinden können. Die Tatsache, daß sie ihre guten Handlungen so laut bekannt geben, ist schon ein Beweis, daß sie mit einer Belohnung rechnen. Da diese aber manchmal sehr lange auf sich warten läßt, quälen sie sich, schimpfen und sind unglücklich.

Es ist großartig, alle Menschen zu lieben, ohne eine Gegenleistung zu erwarten, sie zu erleuchten und zu läutern, sie zum Licht zu führen, und es soll für euch so selbstverständlich werden, wie die Sonne am Himmel scheint oder wie die Blumen die Atmosphäre mit ihrem Duft erfüllen, ohne etwas zu erwarten... Ja, denkt an die vielen Blumen, die im Gebirge wachsen; niemand kommt, um sie anzuschauen, niemand bewundert sie, und sie machen trotzdem ihre Arbeit weiter.... Schaut sie euch nur an! Keine Spur von Eitelkeit.

Ihr wendet ein: „Aber die Sonne verheimlicht nicht, daß sie für uns die Quelle des Lichtes ist." Das ist richtig, es wäre auch schwierig, das zu verheimlichen. Es sieht sogar aus, als freue sie sich, ihr Licht in den Weltraum auszustrahlen, als würde sie sagen: „Schaut her, wie ich euch beleuchte!" Ja, aber über diese sichtbare Sonne hinaus gibt es eine andere, unsichtbare, dunkle Sonne, die sogenannte schwarze Sonne. Aus dieser schwarzen Sonne strömen immer wieder neue Energien heraus, die unsere Sonne auffängt, umwandelt und zu uns in Form von Licht und Wärme aussendet. Die schwarze Sonne zeigt sich nicht und prahlt nicht mit ihrem Können. Alle spirituellen Meister möchten wie sie werden. Mag sie euch auch ein Beispiel sein! Ob man euch beachtet und schätzt oder nicht, ihr müßt diese Arbeit verrichten. Ein solches Verhalten wird euch zu Stärke, Standhaftigkeit und innerer Ruhe verhelfen.

Alle Menschen erwarten etwas voneinander - Eltern und Kinder, Arbeitgeber und Arbeitnehmer, Pfarrer und Gemeinde, Lehrer und Schüler - von den Liebenden ganz zu schweigen! Gibt ein junger Mann einem Mädchen ein kleines Geschenk, dann erwartet er einen freundlichen Blick oder einen zärtlichen Kuß. Falls es sich aber nicht schnell genug dazu entschließt, wird er heftig und zornig... Überall kann man das feststellen. Was euch aber anbelangt, so versucht, an euch zu arbeiten, übt Karma-Yoga aus; auf diese Weise schreitet ihr auf dem Weg zur Vollkommenheit.

Was immer ihr Gutes tun könnt - sei es durch Handlungen, Worte, Gefühle oder Gedanken - tut es, und dann laßt die Zeit ihr Werk vollbringen. Auch wenn ihr es nicht wollt, wird euch eines Tages dieses Gute nachlaufen und belohnen; ihr werdet euch vergeblich verstecken, denn es gibt kein Entkommen!

# XVII

# LIEBT, OHNE GEGENLIEBE ZU VERLANGEN!

Liebe ist ein unerschöpfliches Thema. Man kann ewig darüber sprechen, ohne es satt zu haben. Lieben ist wie essen, trinken, atmen; man kann nicht leben, ohne zu lieben und ohne von der Liebe zu hören. Seit Jahrtausenden wird die Liebe besungen, man schildert sie und schreibt über sie. Romane, Theaterstücke, Filme, die nicht von der Liebe handeln, kommen uns langweilig vor... Und dennoch, was wissen eigentlich die Menschen von der Liebe? Sie kennen vor allem den Kummer und das Mißgeschick, die damit verbunden sind. Warum? Weil für die meisten das Glück darin besteht, geliebt zu werden. Natürlich sind sie schon bereit, ihrerseits etwas Liebe zu schenken; sie halten aber Gegenliebe für viel wichtiger. Ein Beweis? Warum genügt es ihnen nicht, daß sie lieben? Weshalb leiden sie so sehr, wenn sie einmal merken, daß der geliebte Mensch ihre Liebe gar nicht oder nicht in dem gewünschten Maße erwidert? Sie meinen, die Liebe, die von außen auf sie zukommt, könne sie glücklich machen.

Kommt diese Liebe nicht, oder wird sie ihnen entzogen, dann fühlen sie sich frustriert und zweifeln an ihrer Stärke und ihrer Liebeskraft. Sie wollen von einem Mitmenschen geliebt werden.

Angenommen, ihr habt mit einem Mann (einer Frau) Freundschaft geschlossen, ihr trefft euch und tauscht Worte, Blicke und Lächeln... Aber eines Tages hat diese Person Sorgen, muß etwas Schweres durchmachen und verfügt über weniger Zeit, um mit euch zusammenzukommen, euch zu schreiben oder euch anzurufen. Ihr fühlt euch dann verlassen, seid unzufrieden, unglücklich und belästigt sie mit euren Vorwürfen. „Warum bist du nicht gekommen? Weshalb hast du nicht angerufen?..." Ihr habt den Eindruck, etwas verloren zu haben, das kann man ja verstehen. Wenn ihr euch aber weiterhin so verhaltet, dann werdet ihr weiterleiden. Um Frieden und Freude zurückzugewinnen, sagt euch, daß ihr nur auf die eigene Liebe zählen dürft, nicht auf die der anderen. Denn solange ihr darauf wartet, geliebt zu werden, seid ihr von den anderen abhängig, und wenn diese euch gar nicht oder weniger lieben - und das ist ihr gutes Recht! - dann seid ihr unglücklich.

Das Leben ist so beschaffen, daß man sich auf nichts verlassen kann, weder auf Ereignisse noch auf Menschen. Zwar werden sie manchmal an euch denken, aber noch öfter vergessen sie euch. Wenn ihr also keinen ruhenden Pol habt, werdet ihr fortwährend hin- und hergerissen und verwirrt. Ihr solltet allmählich wissen, wie die Dinge im Leben stehen, und begreifen, was man tun muß, um glücklich zu werden. Da ihr Liebe braucht, um glücklich zu sein, da ihr spürt, daß ihr euch in der Liebe entfaltet und sogar Offenbarungen habt, und da ihr wollt, daß eure Liebe bis in alle Ewigkeit dauert, müßt ihr selbst lieben und nicht erwarten, geliebt zu werden. Erwidern die Menschen eure Liebe, um so besser, dankt dem Himmel, rechnet aber damit. Wenn ihr euch so verhaltet, findet ihr das Glück, denn dann hängt alles von euch ab; ihr liebt, so viel ihr wollt und wen ihr wollt. Ihr seid allmächtig, unabhängig, Herr der Lage.

Ihr braucht euch nur um eines zu kümmern, nämlich die Manifestationen eurer Liebe zu verbessern, sie selbstloser, lichtvoller, reiner und umfassender zu machen. Das ist die einzige Voraussetzung, um durch Liebe glücklich zu werden. Schaut euch einmal die Sonne an. Sie erwartet keine Gegenliebe, liebt die ganze Welt, und deshalb strahlt sie so wunderbar. Sie fühlt sich frei, sie erwartet nichts.

Schon lange habe ich eingesehen, daß mir nur Kummer und Enttäuschungen bevorstehen, wenn ich auf die Liebe der Brüder und Schwestern der Bruderschaft zählen würde! Die Armen, sie sind mit so vielen Schwierigkeiten, Hindernissen und Verpflichtungen konfrontiert, daß ihnen überhaupt keine Zeit mehr übrigbleibt, um an mich zu denken. „Wieso?“ werdet ihr sagen, „Alle lieben Sie doch, wenn Sie nur hörten, wie sie von Ihnen sprechen!" Ja, das weiß ich, sie lieben mich, aber nur solange sie keinen anderen gefunden haben. Haben sie ihn gefunden, so vergessen sie mich. Ein alter, bärtiger Mann, der sie jeden Tag an die zu beachtenden göttlichen Gesetze, an die zu machenden Anstrengungen erinnert, und der sie ab und zu aufrüttelt, das ist nicht sehr verlockend, da mache ich mir keine Illusionen. Deshalb befolge ich als erster den Rat, den ich euch gebe. Ich sage mir einfach, daß es an mir ist, meine Brüder und Schwestern zu lieben (ich zeige es ihnen nur nicht, sonst würden sie mich ausnützen). In dem Entschluß, nicht nur die Bruderschaft zu lieben, sondern auch die ganze Schöpfung, die Sonne, die Sterne, den Herrn und alle Hierarchien von lichtvollen Wesenheiten, die über uns stehen..., finde ich mein Glück, etwas Unerschütterliches, Treues, Wahrhaftiges. Warum tut ihr nicht dasselbe?

Eure Liebe muß noch an Licht und Verständnis wachsen. Bleibt nicht im Bereich der Gefühle stecken, denn das Gefühl ist zu persönlich. Um die Liebe in ihrer ganzen Fülle zu erleben, ist das Verständnis ebenfalls unerläßlich. Erst wenn ihr beschließt zu lieben, ohne Gegenliebe zu erwarten, werdet ihr wirklich geliebt. Warum?... Wenn sich die Menschen in eurer Nähe erleuchtet, erwärmt und dabei doch völlig frei fühlen, wie könnten sie euch nicht sympathisch und nett finden?

Und ihr werdet feststellen, daß die Liebe euch verfolgt, sobald ihr aufhört, ihr nachzujagen, sie wird sogar aufdringlich! Ihr setzt sie vor die Tür, und sie kommt durch die Hintertür zurück. Sobald ihr sie nicht mehr sucht, ist sie da. Je mehr ihr der Liebe nachjagt, desto weiter entfernt sie sich. Es ist, als würdet ihr dem eigenen Schatten nachlaufen; er entflieht euch immer wieder, ihr könnt ihn nicht einholen. Ja, die Suche nach der Liebe der anderen kann mit der Jagd nach dem eigenen Schatten verglichen werden. Wenn ihr nicht mehr nach Liebe sucht, dann wird sie immer da sein, euch freundlich anschauen und zulächeln. Wenn ihr versucht, die Liebe der anderen zu gewinnen, konzentriert ihr euch auf etwas Äußerliches, und eure Liebe schwindet dahin. Ja, so ist es. Statt sie also zu suchen, gebt sie her, laßt sie aus euch herausströmen; so wird sie stets in euch sein, ihr seid dann fähig, jede Situation zu bewältigen.

Wenn ihr mir nicht glauben wollt, bleibt euch nichts anderes übrig, als Taschentücher bereitzuhalten. Diese sind harmlos, aber es gibt viel schlimmere Dinge. Manche Menschen begnügen sich nicht mit Taschentüchern, sie greifen nach einem Dolch, einem Revolver oder nach Gift! Die meisten Tragödien werden von der Liebe verursacht, aber von der schlecht verstandenen Liebe, der Liebe, die immer etwas erwartet. Die Liebe hingegen, die ich meine und in der die Eingeweihten unentwegt leben, ist eine

Liebe, die verjüngt und stärkt, die unermüdlich, lichtvoll und schön macht. Es ist eine Liebe, die wiederbelebt, die ewiges Leben und Unsterblichkeit mit sich bringt.

Ja, der Liebe wohnt eine außerordentliche Macht inne, wenn man sie richtig versteht und entsprechend handelt. Nur sie kann alles, macht alles wieder gut und strahlt ungeahnte Kräfte aus.

Es heißt, Gott sei die Liebe selbst. Denkt man über alle Tragödien nach, welche die Liebe unter den Menschen verursacht, dann wird einem klar, welche Arbeit noch zu verrichten, welche Strecke noch zurückzulegen ist, um sich bis zu dieser göttlichen Liebe hinaufzuschwingen. Es lohnt sich aber, denn der Magier, der allmächtige Magier, ist die Liebe. Ihr sollt sie auffordern, sich in euch niederzulassen, dann wird eure Liebe - wohin ihr auch geht - die gesamte Umgebung mit ihrer Ausstrahlung erfreuen, genau wie die Flamme, die durch das Glas einer Lampe hindurchleuchtet.

# XVIII

# VON DER NÜTZLICHKEIT DER FEINDE

Freunde zu haben wird allgemein als eine der größten Freuden des Lebens betrachtet, und es stimmt schon, daß es nichts Kostbareres als wahre Freundschaft gibt. Nur sucht man nicht immer nach wahren Freunden, sondern vielmehr nach Verbündeten, um selbst mit unseren schlechten Seiten anerkannt und unterstützt zu werden. Kennt ihr viele Menschen, die akzeptieren, daß ihre Freunde ihnen gegenüber aufrichtig sind und nicht immer billigen, was sie tun und sagen? Beim geringsten Tadel fühlen sie sich verraten und sind böse. Alle wissen, daß - um bei jemandem gut angeschrieben zu sein - man ihm immer zustimmen, Komplimente machen und Schmeicheleien sagen muß. Da die einen die Wahrheit nicht hören wollen, und die anderen längst begriffen haben, daß es in ihrem eigenen Interesse liegt, die Wahrheit zu verschweigen, gibt es viele Menschen, die nichts anderes tun, als andere und sich selbst zu betrügen.

Und alle bilden sich ein, auf diese Weise glücklich zu werden! Das ist unmöglich, denn das sind nur Manifestationen der niederen menschlichen Natur, die sie in verwickelte Situationen und in Enttäuschungen hineinzieht. Wer sich wirklich spirituell entwickeln will, betrügt andere nicht und akzeptiert vor allem ihre Bemerkungen und ihre Kritik. Und ist er weise, so wird er einsehen, daß Feinde nützlich sind. Wozu? Um vorwärtszukommen. Ihr wendet ein: „Feinde hat man ja immer, manchmal sogar ziemlich viele!" Ja, das stimmt schon, aber man zieht keinen Nutzen aus ihnen, weil man nicht gelernt hat, wie sie einzuschätzen sind. Wenn ihr die Dinge richtig versteht, müßt ihr zugeben, daß sie eigentlich eure wahren Freunde sind, denn sie sind unerbittlich; sie schonen euch nicht, sondern betonen alles Falsche an euch. Ihr werdet sagen, daß sie oft übertreiben. Ja, das stimmt, aber es macht nichts, sie sind wie Mikroskope, und Mikroskope sind zuweilen sehr nützlich, besonders für Forscher, die sie jeden Tag benutzen. Sie ermöglichen es, Details wahrzunehmen, die man sonst übersehen würde.

Möchtet ihr also wirklich vorwärtskommen, so müßt ihr zugeben, daß eure Feinde oft viel nützlicher sind als eure Freunde. Sie sind es, die euch dazu zwingen, an euch zu arbeiten und euch zu bessern, Lösungen für die Probleme zu finden, die sie euch bereiten, und so werdet ihr durch sie stärker und intelligenter.

Man muß die Rolle der Feinde richtig einschätzen. Sonst haßt man sie, man leidet, versucht, sich zu rächen, sie loszuwerden... Und dabei verliert man so viel Zeit und Energie! Sogar unter den klügsten Menschen gibt es nur sehr wenige, die ihre Feinde akzeptieren können; die meisten sind zu schwach und ahnen nicht, daß alle Komplimente ihrer Freunde sie immer schwächer und verletzbarer machen. Wenn ich etwas Wesentliches in meinem Leben gelernt habe, dann ist es wohl, meine Feinde zu schätzen. Ja, ich bin der Meinung, daß sie mir großartige Dienste geleistet haben! Ach, die Feinde, was sie doch alles bedeuten! Leider schätzt man sie nie nach ihrem wahren Wert ein.

Denkmäler werden zu Ehren derer errichtet, die man als Wohltäter betrachtet. Weil sie ihre Heimat gerettet oder neue Impfstoffe entdeckt haben, oder weil sie großartige Dichter, berühmte Philosophen waren, hat man sie auf einen Sockel gestellt. Das ist auch richtig, und ich sage natürlich nicht, man solle ihnen den Ruhm nicht lassen. Ich finde jedoch, es wäre angemessener, unseren Feinden die prächtigsten Denkmäler zu errichten, denn sie allein sind unsere wirklichen Wohltäter. Dank ihrer werden wir wachsamer, klüger, geduldiger. Glaubt ihr, ich meine es nicht ernst? Denkt, was ihr wollt! Versucht aber doch, über das Gesagte nachzudenken: flieht nicht vor den Feinden, haßt sie nicht, sondern fragt euch, wie ihr sie benutzen könnt. In euch wird dann eine tiefe Wandlung eintreten.

Wenn ihr mit einem hohen Ideal erfüllt seid, wenn ihr den aufrichtigen Wunsch hegt, wirklich vorwärtszukommen, erhaltet ihr das notwendige Wissen und die Kräfte, um alle von euren Feinden in den Weg gelegten Hindernisse wie Sprossen zu benutzen, um höher und höher zu steigen.

# XIX

# DER GARTEN VON SEELE UND GEIST

Die Menschen können mit Blumen, Früchten... oder sogar mit Gemüse verglichen werden! Wenn ihr mit ihnen in Verbindung kommt, sie anschaut, anhört und mit ihnen redet, so ist es, als würdet ihr ihren Duft einatmen, sie sogar kosten. Was tut ihr aber meistens? Ihr schaut auf ihre Kleidung, ihren Schmuck, ihr Gesicht, ihre Beine und Hände, ihr versucht aber nicht, eure Seele, euren Geist mit dem verborgenen Leben zu nähren, das ihnen innewohnt und aus ihrem Herzen, ihrer Seele, ihrem Geist ausströmt. Das ist schade! Seid also in Zukunft wachsamer und bemüht euch, die Menschen, die dieses subtile Leben in sich bergen, zu schätzen; verweilt ein wenig bei ihnen und denkt dabei: „Sie spiegeln den Himmlischen Vater, die Göttliche Mutter wider! O Herr, ich danke Dir, Göttliche Mutter, ich danke Dir! Diese „Blumen“ und „Früchte“ geben mir heute die Möglichkeit, Euch näherzukommen, Euch zu betrachten; durch diese Pracht kann ich Euren Duft einatmen, Euer Fluidum kosten“, und ihr werdet beglückt davongehen, weil es euch vergönnt war, durch diese Blumen und Früchte dem Himmel näherzukommen.

Natürlich werden sich manche wundern, daß ich die Menschen mit Blumen und Früchten... oder gar mit Gemüse vergleiche! Warum eigentlich nicht? Wie oft haben doch Dichter schöne junge Frauen oder Männer mit Rosen, Veilchen, Lilien, Jasmin oder Lotusblumen verglichen! Wesentlich ist zu verstehen, daß ich euch damit eine höchst wirksame Arbeitsmethode vermittle. Gelingt es euch, sie anzuwenden, so werdet ihr nicht nur viel Mißgeschick und viele Schwierigkeiten vermeiden, sondern ständig Inspiration und innere Erfüllung kennen.

Wie schauen Männer und Frauen einander an? Was sehen sie eigentlich? Eine äußere Form, den Körper, die Kleidung... Das beweist also, daß sie nicht über das wahre Wissen verfügen. Es ist, als blieben sie vor einem Wagen stehen und interessierten sich ausschließlich für die Karosserie und nicht für den Fahrer, d.h. für denjenigen, der denkt, fühlt und handelt... Ihr müßt euch angewöhnen, jenes Wesen in eurem Mitmenschen zu suchen, anzuschauen und zu erspüren... Versucht, immer tiefer zu gehen, bis ihr die Seele, den Geist dieses Menschen findet, denn dort werden euch Reichtümer und Schätze, sogar der ganze Himmel offenbar.

Es geht nicht nur darum, eine Einstellung, die das Leben häßlich und arm macht, loszuwerden. Gewiß besitzt der Mensch einen physischen Körper, das ist aber kein Grund, nichts anderes zu sehen als den Magen, den Darm usw. Was kann euch das bringen? Selbstverständlich könnt ihr sagen, daß die Eingeweide euch nicht interessieren, daß ihr im Menschen die Schönheit sucht und daß sie im Blick, im Gesicht, in den Händen und Beinen usw. gefunden werden kann. Ja, so schlecht ist es nicht. Bleibt ihr aber dabei stehen, ohne weiterzusuchen, dann setzt ihr euch Enttäuschungen aus, denn ihr geht nicht über rein materielle Details hinaus. Wollt ihr anhaltend inspiriert und glücklich sein, dann versucht, euch an diesen „Blumen" und „Früchten" eurer Umgebung zu erfreuen, und denkt dabei, daß ihnen eine göttliche Wesenheit innewohnt. Jenseits des physischen Körpers existiert all das, was der Mensch auf den feinstofflichen Ebenen ausströmt, und das ist das Wichtigste.

Solange die Menschen sich an der physischen Erscheinung ihrer Mitmenschen aufhalten, wird die erhoffte Freude ausbleiben. Jemand sagt: „Ich brauche Schönheit, Liebe..." Er muß aber wissen, daß er sie erst entdecken wird, wenn er sich daran gewöhnt hat, die Menschen auf der Ebene der Fluida, der Emanationen, der Ausstrahlungen, der Schwingungen aufzusuchen. Ihr begegnet einem prächtigen Menschen, den ihr liebt und besser kennenlernen möchtet. Statt zu versuchen, um jeden Preis auf der physischen Ebene an diesen Menschen heranzukommen, müßt ihr lernen, die Schwingungen seiner Stimme wahrzunehmen, das Licht in seinem Blick einzufangen, euch an der Harmonie seiner Gesten zu erfreuen. So verbindet ihr euch allmählich mit dem Subtilen, dem Göttlichen in ihm und erlebt unbekannte, unbeschreibliche Empfindungen. Auf dieselbe Weise entdeckt ihr auch, daß Männer und Frauen, die ihr verschmäht habt oder beiseite laßt, in Wirklichkeit außergewöhnlich sind und zu eurer Bereicherung viel mehr beitragen können als andere, die dem Anschein nach interessanter oder verführerischer aussehen.

Ein umfangreiches Forschungsgebiet tut sich da vor euch auf. Zögert nicht, führt Experimente durch und analysiert euch selbst! Da ihr jetzt diese Wahrheiten kennt, laßt sie nicht unbeachtet, um eure unglücklichen Erfahrungen fortzusetzen, denn sie werden bestimmt unglücklich sein, gebt euch keinen Illusionen hin! Ihr dürft nicht mehr an unmögliche Dinge glauben, sonst laßt ihr euch in allerlei Abenteuer ein, die euch lediglich Kummer und Enttäuschung bringen. Ihr denkt: „Das war bloß Zufall, wir hätten schon glücklich sein können.“ Nein, niemals! Glück und Unglück hängen nicht vom Zufall, sondern von euch ab, denn ihr selbst sät und erntet entweder das eine oder das andere.

# XX

# DIE VEREINIGUNG AUF HÖHERER EBENE

Jeder Mensch hat von der Natur den Instinkt erhalten, sich mit einem anderen Menschen vereinigen zu wollen, einem Menschen, den er als die Ergänzung seiner selbst empfindet. Solange er einen solchen Menschen nicht findet, hat er den Eindruck, ihm fehle etwas. Warum? Weil er diese andere Hälfte eben braucht, um vollständig zu sein und erschaffen zu können.

Wie kommt es also, daß die meisten Menschen - selbst nachdem sie diese Begegnung gemacht haben - so viel Unzufriedenheit und Leid empfinden? Weil eine Begegnung auf der physischen Ebene nicht ausreicht. Die totale Vereinigung, die ideale Verschmelzung muß auf den drei Ebenen stattfinden, d.h. auch auf der psychischen Ebene (Herz und Intellekt) und auf der spirituellen Ebene (Seele und Geist). Was geschieht aber meistens? Ein Mann und eine Frau treffen sich, finden Gefallen aneinander, beschließen zusammenzubleiben und bilden sich dabei ein, die Leere, die sie in sich spüren, auf diese Weise ausfüllen zu können. Mein Gott, wie unwissend sie sind! Sie ahnen nicht, daß diese Anziehung, die sie zueinander führt, kein oberflächliches, leicht zu stillendes Bedürfnis ausdrückt, sondern ein kosmisches Phänomen darstellt, das vor allem ihre Seele und ihren Geist betrifft. Deshalb muß sich diese Verschmelzung zwischen Mann und Frau zuerst in den höheren Regionen, in der göttlichen Welt, in der Welt des Lichtes vollziehen. Erst danach kann sie auf der physischen Ebene erfolgen; dann werden sie innerlich erfüllt sein, und aus dieser Fülle heraus werden Schöpfungen von unbeschreiblicher Herrlichkeit entstehen.

Jetzt versteht ihr, warum die Eingeweihten immer wieder auf die Notwendigkeit hinweisen, mit dem Himmel, mit der göttlichen Welt im Einklang zu sein, denn ohne diese Verbindung mit dem Himmel kann jede menschliche Beziehung nur scheitern. Mit dem Himmel harmonieren heißt, auf derselben Wellenlänge zu sein, mit ihm in Einklang zu schwingen, sich anzupassen, empfänglich zu werden. Sonst bekommt man nichts von ihm. Wenn jemand nicht empfänglich ist, drängt sich der Himmel nicht auf. Er verhält sich nicht wie ein Rohling, der sich einer widerstrebenden Frau mit Gewalt bemächtigt. Erst wenn zwei Willen zusammen wirken, kann Harmonie entstehen. Versucht das männliche, emissive Prinzip sich aufzudrängen, oder setzt sich das weibliche, rezeptive Prinzip zur Wehr, dann kann von Harmonie keine Rede sein! Harmonie heißt Übereinstimmung von wenigstens zwei Prinzipien, zwei Elementen.

Da die beiden Prinzipien - männliches und weibliches - in uns vorhanden sind, heißt „mit dem Himmel harmonieren“, daß wir uns zuerst läutern und spirituell erheben müssen - das ist das männliche Prinzip -, damit wir eins mit ihm werden. Wenn dann Friede und Stille in uns walten, spiegelt sich der Himmel in uns wider - dieser Prozeß entspricht dem weiblichen Prinzip -, dann fangen wir seine Emanationen, seine Ausstrahlungen, seine Lebenskeime auf, die in unserem Herzen, in unserer Seele Früchte tragen werden.

Bei der spirituellen Arbeit setzen wir die beiden Prinzipien in uns in Bewegung: das männliche, schöpferische Prinzip, das uns ermöglicht, mit der göttlichen Welt in Kontakt zu kommen, und das weibliche, aufnehmende Prinzip, das aus uns einen Kelch macht, in den sich der himmlische Segen ergießt. Harmonisierung bedeutet also, genau zu wissen, wie mit den beiden Prinzipien gearbeitet werden muß. Damit das aufnehmende Prinzip mit dem Himmel verschmelzen kann, muß sich zuerst das schöpferische Prinzip bemüht haben, Ordnung und Lauterkeit herzustellen. Erst unter dieser Voraussetzung wird eine wahre Schöpfung möglich.

Ihr seht also, der Mensch kann auf der spirituellen Ebene abwechselnd männlich oder weiblich sein. Er ist deshalb reicher und erfüllter als auf der physischen Ebene, wo es immer Mängel und Unzulänglichkeiten gibt. Und so wie eine Frau auf der physischen Ebene das Kind trägt, dessen Keim der Mann in sie gelegt hat, auf dieselbe Weise empfängt und zeugt die Seele auf der spirituellen Ebene Kinder, deren Keime vom Geist stammen. Jetzt offenbare ich euch die wichtigste Wahrheit, die ihr kennen müßt, wenn ihr glücklich sein wollt. Bevor ihr euch mit einem Mann oder einer Frau vereinigt, müßt ihr diese Vereinigung zuerst auf der höheren Ebene zwischen eurer Seele und eurem Geist verwirklichen. Der Akt, den ihr auf der physischen Ebene mit einem Menschen vollbringt, ist nur eine blasse Spiegelung dieses kosmischen Aktes, nämlich der Verschmelzung zwischen dem spirituellen Prinzip, das euch innewohnt, und dem göttlichen Prinzip, eurem Geist. Und da es sich bei dem körperlichen Akt nur um eine Spiegelung handelt, wird er nur Enttäuschungen mit sich bringen, falls euch diese Verschmelzung in den höheren Sphären nicht gelungen ist.

Ihr werdet fragen: „Sollen wir also warten, bevor wir uns mit einem Mann oder einer Frau vereinigen, bis diese Verschmelzung auf der spirituellen Ebene vollzogen ist?“ Ich behaupte nicht, daß ihr unbedingt warten müßt. Ich sage nur - weil es der Realität entspricht -, daß keine wahre, anhaltende Verschmelzung auf der physischen Ebene existiert, solange Mann und Frau es nicht verstehen, diese Verschmelzung zuallererst auf der spirituellen Ebene zu verwirklichen. Tut ihr aber, was ihr könnt!

Auf der physischen Ebene bleibt der Mann weiterhin ein Mann und die Frau eine Frau - von Ausnahmefällen abgesehen. Auf der spirituellen Ebene dagegen ist jeder Mensch zugleich Mann und Frau; in seiner Seele ist er eine Frau und in seinem Geist ein Mann. Der Mensch ist also androgyn auf der spirituellen Ebene. Ein Abbild dieser Realität können wir schon am eigenen Körper beobachten. Wirken denn im Mund die Zunge (das männliche Prinzip) und die beiden Lippen (das weibliche Prinzip) nicht miteinander, um das Wort, die Sprache zu erschaffen?

Der Eingeweihte, der die tiefe Weisheit erkannt hat, welche die kosmische Intelligenz im Mund verborgen hat, bemüht sich in seinen täglichen Meditationen, in dieses unendliche Licht - Universalseele genannt - einzudringen, um sie durch seine Gedanken und seinen Willen zu befruchten. Wenn ihm das gelungen ist, gibt er sich dem universellen Geist vertrauensvoll hin, damit dieser sich seiner bemächtigen und lebendige Keime in seine Seele projizieren kann, Keime, die bald in Form von Inspiration und Freude aufblühen.

Liebe schenken und Liebe empfangen, Kinder zeugen, sind berechtigte Wünsche. Auch wenn sich diese Wünsche auf der physischen Ebene manifestieren, liegt die Ursache, der Ausgangspunkt eines solchen Wunsches doch oben. Deshalb sollt ihr euch vorbereiten, damit sich diese Begegnung auf der physischen Ebene unter den lautersten, heiligsten Voraussetzungen abspielt. Zeigt keine Überstürzung bei der Suche nach einem Partner, denn ist einmal die Begegnung vollzogen, dann könnte es sein, daß ihr euch noch einsamer und unglücklicher fühlt als vorher. Deshalb sollen die Männer nach einer Verbindung mit der universellen Seele und die Frauen mit dem kosmischen Geist streben. So viele beklagen sich bei mir: „Ich habe noch nicht den Partner fürs Leben gefunden!" Nun, es ist viel besser, daß sie ihn noch nicht gefunden haben, denn wenn man sieht, wie sie ihn suchen, ist es klar, daß sie nicht lange zusammenbleiben würden.

Ja, so ist es, ein Herz findet ein anderes Herz, aber der Intellekt fährt dazwischen, um sie zu trennen. Das ist unvermeidlich, solange man auf der Ebene von Herz und Intellekt verweilt. Nur auf der Ebene von Seele und Geist kann keine Trennung stattfinden, denn Seele und Geist arbeiten zusammen, genauso wie im Mund die Zunge und die beiden Lippen zur Schaffung des Wortes. Mögen also diejenigen, die der Frau oder dem Mann „ihres Lebens" noch nicht begegnet sind, sich nicht grämen, denn nichts ist verloren. Sie sollen sich weiterhin nach den göttlichen Gesetzen darauf vorbereiten.

Wer wirklich zu suchen versteht, wird finden, wenn nicht auf der physischen, dann auf der spirituellen Ebene. Jesus sagte: *„Suchet, so werdet ihr finden."* Ja, ihr werdet finden, aber nur wenn ihr „oben" sucht. Nie hat Jesus den Rat gegeben, im Staub oder im Dreck zu suchen. Natürlich könnt ihr es tun, wenn es euch gefällt; staunt aber nicht über das, was ihr dann findet. Wenn ihr die wahre Liebe sucht, dann müßt ihr euch darüber klar sein, daß sie nur „oben" zu finden ist. Diejenigen, die sie aufrichtig dort gesucht haben, haben sie immer gefunden. Denn alles, was auf der physischen Ebene besteht, besteht auch auf subtileren Ebenen. Bringt ihr es einmal fertig, euch bis dorthin hinaufzuschwingen, dann werdet ihr weiterhin lieben, arbeiten und euch ernähren; nur werden diese Tätigkeiten ein viel tieferes Ausmaß annehmen, und die Freuden, die ihr dann erfahrt, werden keine Verbitterung, keine Enttäuschung nach sich ziehen.

Wem es gelungen ist, innerlich mit dem göttlichen Prinzip, dem kosmischen Geist oder der universellen Seele zu verschmelzen, weiß wirklich, was die Fülle der Liebe bedeutet. Dieses Gefühl der inneren Fülle wird sich auch auf der physischen Ebene fortsetzen, vorausgesetzt die Verschmelzung besteht oben weiter. Dann wird alles göttlich, denn es steht in seiner Macht, die Materie umzuwandeln, sie zu läutern und zu erleuchten. Die Menschen hingegen, die weder Erleuchtung noch Selbstbeherrschung erlangt haben und ihren Trieben und Leidenschaften völlig ausgeliefert sind, können die Materie nicht verwandeln. Aus diesem Grunde werden sie dem ewigen Wechsel von Liebe und Haß, Freude und Unglück ausgesetzt sein. Nachdem sie eine Zeit lang ein Gefühl der inneren Fülle und der Ekstase empfunden haben, stürzen sie in die Leere.

Natürlich können alle auch ohne Askese große Freuden in der Liebe empfinden. Aber eines Tages kommen die Enttäuschungen, und das eben können die Menschen nur mit größter Mühe annehmen. Weil sie sich glücklich fühlen, bilden sie sich ein, das Glück werde ewig dauern. Nein, das ist unmöglich. Sie hätten sich sehr hoch bis zu jener Region emporheben müssen, die keinen Wandlungen unterworfen ist, dann wäre ihr Glück dauerhaft gewesen. Unten ist alles veränderlich, unbeständig, das soll man wissen, und das, was man für reines Gold hält, wird rasch zu Blei. Enthält eure Liebe nichts Göttliches, so kann sie nicht zu Gold werden. Wenn ihr so naiv seid, daß ihr euch die Dinge anders vorstellt, dann habt ihr nur eine Enttäuschung nach der anderen zu erwarten.

Es genügt nicht zu sagen: „Ich liebe, ich liebe...!“ und sich dann kopfüber in das Abenteuer der Liebe zu stürzen; man soll sich vorbereiten, um diese Liebe in ihrer höchsten Dimension zu erleben. Seid ihr fähig, das zu erreichen, dann wird euch diese Liebe nicht nur beglücken, sondern auch durch ihre

Schwingungen und Emanationen heilbringende Kräfte auslösen und zum Wohl der ganzen Welt, sogar zur Verwirklichung des Reiches Gottes beitragen!

Fangt ihr also an zu erkennen, daß es sich hier um etwas von tieferer Bedeutung, von größerer Reichweite handelt, als ihr es euch bis jetzt vorgestellt habt? Wer kümmert sich aber um die Erforschung all dieser ätherischen Phänomene, die von der Kraft der Liebe bewirkt werden? Die Menschen lieben und küssen einander, schlafen miteinander, ohne sich zu fragen, was wirklich in ihnen vor sich geht. Ihr sagt: „Aber wieso? Was gibt es da eigentlich zu ergründen? Wenn man verliebt ist, braucht man nicht danach zu fragen, was vor sich geht. Man liebt und möchte diese Liebe manifestieren oder sie entgegennehmen. Es gibt ja nichts zu suchen, nichts zu erwarten." Da täuscht ihr euch!

Jahrtausendelang haben die Menschen gegessen, geschlafen, Kinder gezeugt, ohne zu wissen, was sich dabei abspielte, bis sie eines Tages das Bedürfnis spürten, all diese Prozesse - Verdauung, Schlaf, Zeugung, Schwangerschaft usw. - zu kennen. Und seitdem sie diese kennen, haben sie die Möglichkeit, sich besser zu ernähren, besser zu schlafen, Kinder unter besseren Voraussetzungen zur Welt zu bringen. Heutzutage gibt es ebenfalls vieles über die Liebe zu erforschen, über ihre Auswirkungen auf die psychische Struktur des Menschen, über die Kräfte und Strömungen, die sie auf den subtilen Ebenen auslöst, über die unterschiedlichen Regionen, die sie im Menschen und im Kosmos durchquert. Eine ganze Wissenschaft kann da in Zukunft von der Menschheit erschlossen werden.

Nun möchte ich noch etwas Wesentliches hinzufügen. Die Eingeweihten, die bei ihren Meditationen bis zu den Regionen der göttlichen Liebe gelangen, empfangen aus dieser Sphäre ätherische Teilchen von größter Lauterkeit. Diese Teilchen steigen bis auf die physische Ebene herab und ernähren alle Zellen des Körpers. Dabei empfinden die Eingeweihten eine solche innere Fülle, daß sie nichts mehr nötig haben, sie werden von keinem physischen Bedürfnis mehr geplagt, denn der Himmel hat sich wirklich ihrer Seele, ihres Herzens und sogar all ihrer Körperorgane bemächtigt. Aber auch hier gilt es, wachsam zu sein und sich keinen Täuschungen hinzugeben. Sogar unter den Heiligen und Mystikern gab es viele, die nicht genug an ihrer Selbstbeherrschung und Lauterkeit gearbeitet hatten und durch ihre Meditationen nur wüste Leidenschaften in sich auslösten. Selbst wenn es allen möglich ist, die Vergeistigung ihrer Liebe anzustreben, so ist es nicht jedem gegeben, die wahre mystische Ekstase zu erleben.

Eine solche Arbeit gehört zur höchsten Alchemie. Wer nicht genügend an seiner Läuterung gearbeitet hat, um die ätherischen Kanäle seiner subtilen Körper freizulegen, muß damit rechnen, daß sie verstopfen. Dann bleibt die göttliche Energie oben und kann nicht hinabsteigen, und das Resultat ist, daß dieser Mensch in einem Zustand schrecklicher Unzufriedenheit lebt, als würde er vom Feuer verzehrt.

Auf der Smaragdtafel des Hermes Trismegistos steht geschrieben: „Es erhebt sich von der Erde zum Himmel und steigt wieder in die Erde hinab und empfängt die Kraft der höheren und niederen Dinge... Und dies ist die starke Kraft aller Kraft. Denn sie wird alles Feine besiegen und alles Feste durchdringen." Diese Kraft, die Kraft aller Kräfte - von Hermes Trismegistos *Telesma* genannt - ist eben die Liebe. Diese Kraft also muß der Eingeweihte oben in ihrem subtilen Zustand auffangen und sie in die Tiefe seines Wesens hinabführen, um die eigenen Zellen zu ernähren. Sich bloß emporheben, um mit der göttlichen Energie in Kontakt zu kommen und sie aufzufangen, genügt nicht. Der Eingeweihte muß auch fähig sein, sie hinunterzulenken und in sich aufzunehmen, sonst wird er sich noch frustrierter und unglücklicher fühlen als vorher. Es gibt zahlreiche Biographien von Heiligen und Mystikern, die schildern, wie verheerend sich die schlecht verstandene mystische Liebe auf gewisse Menschen auswirken kann. Da finden natürlich sogenannte einsichtige und vernünftige Menschen leicht ein triftiges Argument zur Stützung ihrer Meinung, es sei gefährlich, sich Gott zu weihen und bei Ihm die Fülle der Liebe zu suchen.

Nein, es ist nicht gefährlich für jemanden, der erleuchtet ist, denn er weiß, daß er Gottes Liebe nicht finden kann, solange er sich nicht frei gemacht hat von allen Gefühlen und Gedanken, die mit dieser kosmischen Kraft nicht in Einklang stehen. Hat er diese Arbeit nicht vollbracht, vermag er nicht - was er auch tun mag, um sich hinaufzuschwingen - Gottes Liebe in sich eindringen zu lassen, denn die göttliche Energie füllt kein Gefäß, keine Schale, die zu ihrem Empfang nicht bereitsteht.

Unsere Lehre ist die Lehre der Liebe. Unaufhörlich wird hier das Thema der Liebe aufgewofen, um sie zu erläutern und zu beleuchten, denn von der Liebe hängt alles ab: Kraft, Ausgeglichenheit, Friede und Glück. Ihr müßt spüren, daß die Liebe da ist in eurer Reichweite, daß sie in euch ist. Ihr habt also keinen Grund, euch einsam und arm zu fühlen. Fühlt ihr euch arm und verlassen, dann beweist das, daß ihr euch von der physischen Ebene nicht befreit habt. Sobald ihr euch zu den subtilen Ebenen, besonders bis zu den Regionen der Seele und des Geistes emporhebt, empfindet ihr kein Gefühl der Einsamkeit mehr. Denn die universelle Seele, der universelle Geist sind immer da, in euch und um euch herum; jederzeit könnt ihr euch mit ihnen geistig verbinden. Wenn ihr euch aber mit einem Mann oder einer Frau verbindet, könnt ihr dann sicher sein, daß sie nicht eines Tages - selbst wenn sie zu den besten

Menschen gehören - andere Gedanken im Kopf haben und euch im Stich lassen?

Glaubt mir also: auch wenn ihr den herrlichsten Menschen auf Erden gefunden habt, dürft ihr euch nicht durch diese Begegnung aufhalten lassen. Dankt dem Himmel, daß ihr einem solchen Menschen begegnen durftet, aber wißt, daß die Liebe erst dann das wahre Glück bringen wird, wenn ihr sie oben im Bereich des Geistes gefunden habt.

# XXI

# WIR GESTALTEN SELBST UNSERE ZUKUNFT

Unsere Gegenwart ist das Ergebnis unserer Vergangenheit. Deshalb können wir kaum darauf einwirken; die Gegenwart ist die Auswirkung, die logische Folge der Vergangenheit. Die Gedanken, Gefühle und Wünsche unserer früheren Inkarnationen haben im Universum entsprechende Kräfte und Ereignisse ausgelöst, die unsere guten Eigenschaften, unsere Schwächen und alle Erlebnisse unseres gegenwärtigen Lebens bestimmt haben. Ihr fragt: „Aber wie und wodurch konnte das geschehen?" Schon vor Milliarden von Jahren hatte die kosmische Intelligenz die Computertechnik entwickelt. Alles Tun und Treiben der Menschen bis zur geringsten Regung ihres intimen Lebens hin wird in den kosmischen Computer eingegeben, und das Ergebnis - unfehlbar und unerbittlich - erscheint auf dem Bildschirm. Kein Gott, kein Schicksal, kein Richter - nennt es, wie ihr wollt - ist notwendig, der sich den Kopf zerbrechen würde, welche Strafe oder Belohnung dieser oder jener verdient, denn das wird durch eine kosmische Vorrichtung automatisch bestimmt.

Deshalb ist es kaum möglich, im Verlauf der jetzigen Inkarnation das zu ändern, was durch unsere Vergangenheit bestimmt wurde. Das Einzige, was in unserer Macht liegt, ist die Zukunft vorzubereiten. Ja, aber darüber sind sich die meisten Menschen nicht im klaren. Sie diskutieren endlos, um herauszufinden, ob der Mensch frei sei oder nicht. Die einen sind dafür, die anderen dagegen, aber in Wirklichkeit ist das Problem falsch gestellt. Die Freiheit wurde dem Menschen nicht ein für allemal gewährt oder versagt. Was die Gegenwart anbelangt, so ist seine Freiheit sehr beschränkt, denn die Gegenwart ist die Folge einer Vergangenheit, auf die er nicht zurückkommen kann, um sie zu gestalten; die Folgen der Vergangenheit muß er ertragen und sie verarbeiten. Was aber die Zukunft betrifft, so ist er frei, denn er hat die Möglichkeit, sie nach Belieben zu gestalten.

Diese wichtige Wahrheit müssen wir unbedingt kennen, um zu wissen, in welcher Richtung wir arbeiten müssen! Was geschieht sonst? Begreift man nicht, daß man seine zukünftige Existenz verbessern kann, dann nimmt man sein jetziges Schicksal hin und läßt sich zu einem immer erbärmlicheren Verhalten verleiten. Das Ergebnis davon ist, daß man in der nächsten Inkarnation noch beschränkter, noch abhängiger sein wird.

Heute schon könnt ihr für die eigene Zukunft arbeiten. Wählt durch eure Wünsche, eure Gedanken, eure Vorstellungskraft eine Richtung und bittet um die besten Eigenschaften, die günstigsten Voraussetzungen, damit ihr euch eines Tages als Kinder des Friedens, des Lichtes, der Güte manifestiert. Denn das ist eine unwiderlegbare Tatsache: eines Tages kehrt ihr auf diese Welt zurück. Was ihr dann seid, und was ihr auf eurem Weg vorfindet, das alles hängt von euch ab, von der Art und Weise, wie ihr eure Zukunft vorbereitet. Die Erkenntnis dieser Wahrheit ist für euer Schicksal ausschlaggebend.

Die Spiritualisten irren, wenn sie glauben, daß - wenn sie den Weg zum Guten, zum Licht einschlagen - sich ihr Leben sofort ändern wird. Innerlich kann schon eine Wandlung eintreten, aber sie dürfen sich keinen Illusionen hingeben: in ihrer jetzigen Inkarnation müssen sie mit vielen Zahlungen und Leiden rechnen, denn sie müssen frühere Schulden tilgen. Erst wenn sie diese redlich beglichen haben, werden sie frei. Und für euch gilt dieselbe Regel: bezahlt, dann seid ihr frei! Wenn ihr mit Schwierigkeiten und Prüfungen konfrontiert werdet, lehnt euch nicht auf, verzweifelt nicht, sondern bemüht euch, sie mit vollem Bewußtsein als Notwendigkeit durchzumachen. Weigert ihr euch, sie anzunehmen, dann begeht ihr neue Übertretungen, und in der nächsten Inkarnation werden dann eure Schulden und euer Leid noch größer sein.

Die Erkenntnis soll euch aber nicht daran hindern, an eurer Zukunft weiterzuarbeiten. Dann werden eure Prüfungen wie ein Sturm sein, der euch nicht viel anhaben kann. Wenn sich die Menschen durch Schicksalsprüfungen so niederdrücken lassen, kommt es daher, daß sie keine Aussicht auf eine lichtvolle Zukunft haben, ihr Horizont ist verschlossen. Ja, er ist verschlossen, weil sie ihn selbst zugesperrt haben. Und es hängt von ihnen ab, ein Fenster zu öffnen, um die Sonne zu sehen.

Viele werden mir natürlich erwidern, daß sie für ihre eigene Zukunft und für die ihrer Kinder arbeiten. Oh ja, das weiß ich, sie legen Geld auf die Seite, kaufen Aktien, schließen eine Lebensversicherung ab usw. und bilden sich ein, so für die Zukunft zu arbeiten! Mein Gott, was nennen sie denn Zukunft? Die Zukunft ist doch mehr als die dreißig, vierzig oder fünfzig Jahre, die sie noch auf dieser Erde zu verbringen haben; sie geht sogar weit über die Lebensdauer ihrer Kinder und Enkelkinder hinaus! Die Zukunft, die wahrhaftige Zukunft, das sind die nächsten Inkarnationen, die man durch Ausübung positiver Eigenschaften und Tugenden vorbereiten soll.

Zu viele noch - selbst unter euch - lassen sich von den materiellen Anschaffungen für sich und ihre Kinder blenden. Natürlich ist es gut, für das Notwendige zu sorgen, denn man muß genug zum Leben haben. Warum jagen sie aber nach Dingen, die sie überhaupt nicht nötig haben? Das ist nur Zeit- und

Energievergeudung. Das Leben ist doch so kurz! Wie lange können sie denn von diesen Anschaffungen profitieren? Sie werden sie ja doch nicht ins Jenseits mitnehmen können, und außerdem werden sie sich an nichts mehr erinnern, nicht an das Schloß, nicht an die Direktoren-, Minister- oder Präsidentenstellung... Alles verblaßt so schnell!

Diese Zukunft, für welche die Menschen angeblich arbeiten, ist so nah, daß sie sehr rasch zur Gegenwart wird, zu einer Gegenwart, die ebenfalls bald verschwindet. Folglich mündet diese Arbeit in die Leere, ins Nichts. Ja, alle Ereignisse dieses Lebens gehören eigentlich der Gegenwart an. Die Zukunft ist etwas anderes, und ihr wißt noch nicht, was sie wirklich ist. Die Zukunft, von der ich spreche, liegt außerhalb der Vergangenheit und der Gegenwart; es ist die Ewigkeit, die Unendlichkeit, und sie ist es, die wir gestalten können. Wir vermögen weder die Vergangenheit auszulöschen noch die Gegenwart umzuwandeln, wir haben aber die Möglichkeit, die Zukunft zu gestalten. Gott selbst hat uns diese Möglichkeit mitgegeben. Durch unsere Gedanken und Wünsche, durch unseren Willen können wir alles. Solange wir uns aber dieser Macht nicht bewußt sind, tun wir kaum etwas, um unsere Lage zu verbessern, manchmal tragen wir sogar nur zu ihrer Verschlechterung bei.

Ich weiß wohl, daß manche von euch sich jetzt fragen: „Auf welchem Planeten lebt er eigentlich?

Das Leben ist so schwierig: Sorgen, Hindernisse, Krankheiten... Da kommt er und spricht von einer vollkommenen und glanzvollen Zukunft! Er lebt ja in den Wolken! Wie kann er glauben, daß er uns mit so einer lebensfremden Philosophie überzeugen kann?" Ihr sollt wissen, daß ich das, was ihr die Realität des Lebens nennt - Entbehrungen, Mißgeschick, Feindseligkeiten usw. -, viel besser kenne als ihr; aber ich wollte mich an dieser Realität niemals aufhalten, denn ich wußte, daß sie nur ein belangloser Aspekt der wahren Realität ist.

Glaubt mir, ich bin mit denselben - wenn nicht gar schlimmeren - Realitäten konfrontiert wie ihr; der Unterschied ist, daß ich eine andere Lebensphilosophie habe, um dieser prosaischen, harten Realität, in welche wir getaucht sind, entgegenzutreten. Statt die Philosophie der Eingeweihten abzulehnen, weil sie angeblich nicht realistisch sei, wäre es besser, sie ganz bewußt zu übernehmen, denn durch sie wird es euch gelingen, all eure Probleme zu lösen. Wie groß euer Leiden, eure Mängel und Nöte auch sein mögen, sagt euch, daß ihr den Kampf nicht aufgeben dürft, daß alles nur von kurzer Dauer ist und daß ihr bald auf bessere Verhältnisse zusteuern werdet.

Wenn es unter den Menschen und in der Gesellschaft so viel Unordnung gibt, so deshalb, weil sich die Menschen von der wahren Lebensphilosophie abgewandt haben und sie durch eine gefährliche Philosophie ersetzt haben, die lehrt, daß der Mensch nur aus Materie besteht und daß er seine Existenz nur dem Zufall verdankt. Selbst die Religion, deren Aufgabe es war, die Fackel des Geistes hochzuhalten, ist ebenfalls materialistisch geworden. Wenn der Mensch nicht mehr vom Leben des Geistes unterstützt wird, ist es, als wäre er von seinen Wurzeln abgetrennt. Er geht dann seinem Untergang entgegen, und allen physischen und psychischen Leiden stehen die Türen weit offen. Dann kann ihn auch die Medizin nicht heilen, denn unter solchen Umständen stellt sie bloß einen Notbehelf dar. Wenn man dem Bösen die Tore öffnet, wird man es nicht besiegen können. Wozu das Böse bekämpfen, wenn man es zugleich unterstützt?

Die einzige Lösung ist, diese materialistische Philosophie durch die des Geistes, welche uns die Eingeweihten der Vergangenheit hinterlassen haben, zu ersetzen. Alle, die sie übernommen und in die Tat umgesetzt haben, haben sich als ausgeglichene, friedliebende, lichtvolle Menschen manifestiert. Warum soll man also jetzt nicht zu dieser Philosophie zurückkehren? Ihr erwidert: „Das ist doch die Philosophie, nach der wir leben!“ Glaubt ihr? Wenn ihr euch analysiert, müßt ihr wohl zugeben, daß ihr noch von allerlei Sorgen beherrscht seid, die nichts Spirituelles in sich haben. Hier und da gibt es wohl ein paar Brocken, die ihr von den Eingeweihten angenommen habt, um euer Gewissen zu beruhigen, aber ihr vermengt sie mit Nichtigkeiten, nämlich mit dem, was dieser Politiker, jener Intellektuelle oder Künstler gesagt, geschrieben oder getan hat... Ich behaupte nicht, man solle kein Interesse daran nehmen, nur gibt es viel wichtigere Dinge! Ja, es ist wichtiger, sich für die Wesenheiten zu interessieren, die in den lichtvollen Regionen des Weltraums beheimatet sind, für ihre Arbeit, für die Gesetze, die das Werden des Menschen regieren. Denn dort ist unser Leben und nicht in den Berichten von Zeitung, Radio und Fernsehen usw. Es befindet sich in dieser grundlegenden, ewigen Welt, zu der wir eines Tages gehören sollen.

Seid also wachsam; ihr vermischt noch zu oft Spiritualität und Materialismus. Beide Philosophien existieren in euch und geraten durcheinander, aber sie müssen getrennt werden, wie es auf der Smaragdtafel des Hermes Trismegistos heißt: „Du sollst das Feine vom Groben scheiden mit großer Kunstfertigkeit." Diese alchemistische Vorschrift ist für alle Bereiche gültig, ganz besonders auf der Mentalebene. Auf dieser Ebene müßt ihr die materialistische Philosophie, die eure spirituelle Entwicklung beeinträchtigt, von der Philosophie der Eingeweihten trennen, welche euch den notwendigen Schwung geben wird, um in der göttlichen Welt wachsen und fortschreiten zu können.

Versucht, jeden Tag ein paar Minuten zu finden, um an der Gestaltung eurer Zukunft zu arbeiten, denn ihr wißt jetzt, daß ihr über diese Zukunft dieselbe

Macht besitzt wie Gott. Für die Gegenwart könnt ihr kaum etwas tun, aber was die Zukunft anbelangt, seid ihr allmächtig, denn ihr seid alle Gottes Kinder, und der euch innewohnende Funke möchte nichts anderes, als zum Urfeuer zurückkehren.

Ihr wendet ein: „Wir sind aber so unzulänglich, so armselig! Was für eine traumhafte Zukunft können wir uns ausmalen?“ Dieser Einwand beweist, daß ihr nicht richtig denkt. Nicht die Glücklichen und Verwöhnten brauchen es, sich etwas vorzustellen und zu wünschen, sondern die Unglücklichen, und sie tun es sehnlicher als die anderen. Fühlt ihr euch also stiefmütterlich behandelt, so ist es Zeit, durch eure Gedankenkraft eine Zukunft voller Pracht und Herrlichkeit zu gestalten.

Wenn ihr wißt, daß ihr bald eine ansehnliche Erbschaft antretet oder eine lange Reise unternehmt, was macht ihr dann? Schon im voraus freut ihr euch auf das, was ihr mit diesem Vermögen tun könnt, oder auf alles, was ihr auf der Reise zu sehen bekommt. Könnt ihr euch denn nicht genauso auf etwas freuen, das viel wichtiger ist als Geld oder Reisen, nämlich auf eure göttliche Zukunft? Das ist natürlich ein Spiel der Phantasie, aber dieses Spiel bleibt nicht ohne Wirkung, denn die daraus entstehenden Gedanken und Gefühle können euer Schicksal wirklich beeinflussen und wandeln.

## II

Was braucht ihr? Frisches Wasser, reine Luft, ein Stück Brot... und viel Hoffnung! Jeden Morgen beim Sonnenaufgang könnt ihr dieser Hoffnung nachjagen, wie man einem Wild nachjagt. Ja, wenn die Sonne aufgeht, geht die Hoffnung umher, und dann muß man sie einfangen. Die Sonne ist es, die euch mit Hoffnung erfüllt. Sie sagt: „Schaut mich an! Ist mir je ein Unglück widerfahren? Immer bin ich da, strahlend und unveränderlich; haltet euch also an mir fest, so werdet ihr sein wie ich. Ich bin es, die die Quintessenz der Hoffnung verteilt, ich bin eure Zukunft."

Wo sucht ihr eure Zukunft? Die Sonne ist eure Zukunft, und eines Tages werdet ihr ihr gleichen, denn die Erde wird einmal zu einer Sonne werden. Die Erde gleicht einer reifenden Frucht. Zur Zeit ist sie noch grün, herb und sauer, und ich rate euch ab, sie zu kosten. Aber die Sonne sieht die Erde mit Geduld an, streichelt sie liebevoll und bringt sie zur Reife. Nach ein paar Millionen Jahren wird sie ihrem Schöpfer - der Sonne - gleichen.

Denn die Erde ist ein Kind der Sonne, sie wurde aus ihr geboren. Die Sonne hat sie in den Raum hinausgeschleudert, aber sie ernährt und erzieht sie weiter, damit sie weise und vernünftig wird und lernt, genau wie die Sonne zu geben. Bis jetzt ist die Erde eher daran gewöhnt zu nehmen; auch wenn sie ein paar Pflanzen und Früchte hervorbringt, ist sie noch weit davon entfernt, so großzügig wie die Sonne zu geben. Sie hat also noch viel zu lernen, muß sich noch viel umschauen und sich die Worte der Sonne genau merken: „Du mußt geben, ausstrahlen genau wie ich, Dich um die anderen kümmern, ihnen zulächeln: das alles mußt Du noch lernen!" Die Erde hört zu und bemüht sich jeden Tag, die Sonne nachzuahmen.

Ihr fragt: „Spricht die Sonne auch von uns?" Natürlich, denn die Erde und die Menschen, die denselben Ursprung haben, teilen auch dasselbe Schicksal. Jeder Mensch stellt eine kleine Erde für sich dar, und alle müssen eines Tages wie die Sonne werden. Das ist die Zukunft der Menschheit. Viele werden sagen: „Das haben wir nicht geahnt!" Natürlich... Denn wenn man an Zigaretten, Wein, Geld, Geliebte und Autos denkt, ist man nicht imstande, der Sonne zuzuhören, wenn sie von der lichtvollen Zukunft des Menschen erzählt.

Alle großen Meister und Eingeweihten lehren uns das gleiche: der Mensch ist ein Geist, eine Flamme, aus dem Schoße des Herrn entsprungen, so wie die Erde. Der Weg, den er zu gehen hat, ist lang, und unterwegs kann es sein, daß er erstarrt, erkaltet, sich verfinstert. Er ist aber dazu bestimmt, zu den Regionen zurückkehren, die er verließ. Und eines Tages - nach langer Zeit und unzähligen Inkarnationen - wird der Mensch zum himmlischen Vater zurückkehren, genauso wie auch die Erde einmal der Sonne gleichen wird. Es sind dieselben Gesetze, dieselben Entsprechungen.

Ihr seht also, die Eingeweihten haben uns den Schlüssel gegeben, der uns erlaubt, alles von Gott Erschaffene zu entziffern. Vergeßt also nie, daß eure Zukunft darin besteht, wie Gott zu werden. Wendet ihr euch von dieser Wahrheit, diesem Licht ab, dann wundert euch nicht, wenn ihr immer wieder enttäuscht, verbittert oder verzweifelt seid. Und dann müssen sich Ärzte um euch kümmern. Es gibt so viele Menschen, die am Abgrund stehen! Man sagt, sie seien deprimiert und litten an Neurasthenie, an Neurose..., an wissenschaftlichen Bezeichnungen fehlt es nicht! In Wirklichkeit handelt es sich aber stets um die eine Krankheit: der Mensch hat seine wirkliche Natur, seine göttliche Quintessenz, seine endgültige Bestimmung, nämlich die Rückkehr in den Schoß des Herrn vergessen. Deshalb sollt ihr euch Tag für Tag an die Sonne klammern und an eure licht- und glanzvolle Zukunft denken.

Die Menschen stellen sich oft die Frage, wie ihr Leben auf der Erde in zehn, fünfzig oder hundert Jahren wohl aussehen wird... Das ist natürlich schon wichtig, aber das Wesentliche ist zu wissen, daß sie eines Tages genauso strahlen werden wie die Sonne; ihre Anwesenheit wird die Atmosphäre mit den herrlichsten Düften erfüllen, und der Duft ihrer Seele wird umherschweben. Überall, wo sie vorbeigehen werden, werden Symphonien erklingen, denn all ihre Zellen werden mitsingen. Jeden Tag sollt ihr euch - wenigstens ein paar Minuten lang - diese großartige Zukunft vorstellen, so werdet ihr auf einmal fühlen, wie ihr wieder mutig und heiter werdet. Das ist es eben, was man unter „ein neuer Mensch werden“ versteht. Das Wort „neu“ wird heutzutage überall verwendet: eine „neue“ Philosophie, eine „neue“ Wissenschaft, eine „neue“ Epoche, ein „neuer“ Menschentyp... Wie kann man sich aber einbilden, ein „neuer“ Mensch zu sein, wenn man dauernd mürrisch, stumpf und verkrampft ist?

Morgens wohnt ihr dem Sonnenaufgang bei, um die Früchte der Hoffnung zu empfangen. Ja, wie oft hat euch das Licht, die Wärme und die Vitalität der Sonne gelabt! Leider habt ihr oft diese Hoffnung gegen Entmutigung eingetauscht. Hättet ihr euch ohne zu zweifeln und zu schwanken an ihr orientiert, dann hättet ihr viel bessere Ergebnisse erzielt. Warum denkt ihr nicht an das, was euren Geist ernährt? Wenn ihr nicht versucht, der traurigen quälenden Realität zu entgehen, die euch überfällt, werdet ihr am Ende ersticken. Wenigstens innerlich müßt ihr etwas tun. Ihr könnt euch z.B. sagen: „Das alles ist von kurzer Dauer. Ich bin ein Kind Gottes, und Gott hält für mich die Schönheit, das Licht und die Herrlichkeit bereit."

Ihr habt noch keine Ahnung, was Hoffnung wirklich ist. Sie ist eine Weisheit, die sich darauf versteht, mit Hilfe der Vergangenheit und der Gegenwart auf die Zukunft einzuwirken. Die Hoffnung, das ist die Fähigkeit, eine wunderbare Realität erleben zu dürfen, die auf der physischen Ebene noch nicht verwirklicht ist. Die Hoffnung ist ein Vorgeschmack der Vollkommenheit. Durch sie könnt ihr ein Glück genießen - das noch nicht euer ist -, das aber die wahre Realität darstellt. Denn die wahre Realität ist nicht auf der physischen Ebene zu finden, sondern in der göttlichen Welt. Die wahre Realität ist, daß ihr Erben des Himmels und der Erde seid. Diese Erbschaft erwartet euch, ihr seid aber noch zu jung, um sie jetzt schon anzutreten.

Ihr seid ein Prinz oder eine Prinzessin, und ein Königreich erwartet euch. Ist aber Verzweiflung und Entmutigung berechtigt, nur weil ihr euch noch etwas gedulden müßt? Ihr wendet ein: „Ja, aber bis dahin führe ich ein armseliges Leben und rackere mich ab; kein Mensch nimmt Rücksicht auf mich, ich werde sogar beschimpft!" - „Das ist notwendig, euer Vater, der König, hat euch für eine kurze Zeit aus pädagogischen Gründen in die Lehre geschickt." Denn auch im Reich Gottes bedient man sich der Pädagogik! Und das ist die wahre Pädagogik. Der Herr hat gesagt: „Wenn dieser Mensch zum Herrscher wird, dann besitzt er eine ungeheure Macht über Millionen von Geschöpfen. Was wird denn aus ihm werden, wenn er nicht zuerst gute Eigenschaften wie Geduld, Mut und Güte entwickelt hat? Er wird faul, böse, eigenwillig und feige sein. Er wird sich wie ein Despot aufführen und sich einbilden, alle müßten ihm zu Diensten stehen. Ich werde ihn also nicht eher in den Besitz seines Reiches setzen, bevor er mir nicht bewiesen hat, daß er weder seine Macht noch seine Reichtümer mißbrauchen wird - früher nicht!"

Ihr könnt also alles erhoffen, aber bis dahin arbeitet weiter! Die Hoffnung gestaltet und verwirklicht die Zukunft auf den höheren Ebenen, denn ihr wohnt eine magische Kraft inne. Seid also beruhigt, ich bin im Bilde über eure Lage. Wenn ich euch diese Methode gebe, dann nicht, um mich über euch lustig zu machen, sondern um euch zu helfen, damit ihr endlich versteht, wo das wahre Glück zu finden ist. Versucht also, diese Methode anzuwenden. Ihr seid von der groben, materiellen, trügerischen Realität derart benommen, daß ihr die andere, viel subtilere

Realität, die euch erwartungsvoll umgibt, überseht. Tut aber, was ihr wollt! Was mich anbelangt, so kann ich euch nur sagen, was am besten für euch ist: an euch liegt es, eine Entscheidung zu treffen.

In der *Genesis* heißt es, der Mensch sei nach dem Ebenbild Gottes geschaffen worden. Spricht man aber von der erhabenen Zukunft, die auf die Menschen wartet, so nehmen nur sehr wenige diese Behauptung ernst. Läßt man die Idee jedoch gelten, daß der Mensch nach dem Ebenbild Gottes geschaffen wurde, dann muß man die logischen Folgerungen daraus ziehen und sie billigen. Eine davon ist die Existenz einer erhabenen göttlichen Zukunft. Keiner ist dazu berechtigt, die Hälfte der Wahrheit auszulassen; welche Zukunft stellt man sich sonst für das Ebenbild Gottes vor?

Dépôt légal: Janvier 1997 - N° d' impression: 2386 - Imprimé en France
Imprimerie Prosveta, Z.I. du Capitou - B.P. 12
83601 Fréjus Cedex, France